KB048368

새로 쓴

원숭이도
이해하는
마르크스
철학

세상에서 가장 쉬운 임승수의 철학+생각 강의

새로 쓴 원숭이도 이해하는 마르크스 철학

《원숭이도 이해하는 마르크스 철학》
초판 1쇄 2010년 8월 25일 발행
초판 8쇄 2018년 8월 27일 발행

《새로 쓴 원숭이도 이해하는 마르크스 철학》
초판 1쇄 2020년 4월 22일 발행
초판 3쇄 2022년 9월 26일 발행

지은이 임승수
펴낸이 김성실
책임편집 김태현
디자인 형태와내용사이
제작 한영문화사

펴낸곳 시대의창 등록 제10 - 1756호(1999. 5. 11)
주소 03985 서울시 마포구 연희로 19 - 1
전화 02)335 - 6121 팩스 02)325 - 5607
전자우편 sidaebooks@daum.net
페이스북 www.facebook.com/sidaebooks
트위터 @sidaebooks

ISBN 978 - 89 - 5940 - 725 - 5 (03100)

이 도서의 국립중앙도서관 출판예정도서목록(CIP)은 서지정보유통지원시스템 홈페이지
(http://seoji.nl.go.kr)와 국가자료종합목록 구축시스템(http://kolis-net.nl.go.kr)에서 이용하실
수 있습니다. (CIP제어번호 : CIP2020010197)

새로 쓴

원숭이도 이해하는 마르크스 철학

임 승 수 지 음

세상에서 가장 쉬운
임승수의
철학+생각 강의

원숭이도 이해하는 마

시대의창

'마르크스 철학!'

먹고사는 데 '철학' 따위는 필요 없다고들 합니다. 돈 벌기도 힘들어 죽겠는데 웬 철학이냐는 게지요. 게다가 구닥다리 붉은 인물 '마르크스'까지 덤으로 붙어 있으면 말 다했지요. 헌책방에서나 구할 수 있는 1980년대 사상 서적도 아니고 말이에요.

책 제목을 본 사람이 고개를 절레절레 흔들며 발걸음을 옮기는 것도 이해할 만합니다. 저자로서 어쨌든 관심을 가져달라고 애원하기 전에, 제 경험을 한 가지 이야기해보려고 합니다.

오스트리아에 여행을 갔다가, 빈에 있는 미술사박물관에 들렀습니다. 유명 박물관인 만큼 소장품 규모가 어마어마했는데, 대략 14~15세기 작품의 전시관을 방문했을 때였습니다. 작품들을 보고 깜짝 놀랐습니다. 작품의 소재가 전부 똑같더군요. 모두 기독교와 관련된 것이었습니다. 예술품들 죄다 예수, 성모 마리아, 순교한 성인 등등의 모습만 담았습니다. 세상만사가 당시에도 다양했을 텐데 그 시대 서양에서는 거의 모든 예술가가 기독교에 대한 그림을 그렸던 겁니다.

별다른 특별한 경험이라고 할 수는 없겠지요. 하지만 저는 그 장소에서, '철학'을 느꼈습니다.

철학은 세계관世界觀에 관한 학문입니다.

세계관이란 세계를 보는 관점을 일컫는 단어입니다. 중세 서양 사람들은 기독교의 관점으로 세계를 보았습니다. 모든 게 하느님의 뜻이라고 믿었지요. 그러니 그림도 기독교 일색일 수밖에요. 십자군 전쟁도 하느님의 뜻이고 마녀사냥도 하느님의 뜻입니다. 하느님의 뜻이라면 만사 오케이! 이것이 세계관, 즉 철학의 위력입니다.

지금은 중세가 아니니 괜찮을까요? 현대 자본주의는 '돈' 중심 세계관이 대세입니다. 중세 서양에서는 하느님의 뜻인지 아닌지가 중요했다면 지금은 돈이 가치판단의 기준이 되었습니다. 돈이 되면 좋은 일이고, 그렇지 않으면 무의미한 일이 되지요. 회사 돈벌이에 도움이 되지 않는다는 이유로 멀쩡한 노동자가 정리해고 당하고 수많은 청년 학생이 실업자로 전락합니다. 그들이 어떤 형태로든 일을 할 수 있다면 사회 전체로는 이득임에도 불구하고 '기업'의 이윤추구에 도움이 안 된다는 이유로 실업자로 방치됩니다.

더욱 놀라운 것은, 마치 중세 서양에서 십자군 전쟁과 마녀사냥을 당연시했듯 우리가 그런 자본주의사회의 상황들을 당연시한다는 점입니다.

현대사회에 대해 '철학이 없다'고들 말하지만 결코 그렇지 않습니다. 역사상 그 어떤 사회보다도 '돈'을 숭배하는 철학을 가지고 있습니다. 맹목적으로 '하느님'을 숭배하던 사회가 그랬듯, 맹목적으로 '돈'을 숭배하는 사회가 과연 바람직할까요? 우리는 역사를 통해 이미 그 답을 알고 있습니다.

자본주의사회를 헤쳐나가기 위한 무기

마르크스 철학은 곧 마르크스의 눈으로 세계를 보는 것입니다. 마르크스의 철학과 관점에는 현대 자본주의사회에 만연한 돈 중심 철학의 문제점에 대한 날카로운 비판, 그리고 더 나은 세상을 위해서 요구되는 새로운 철학에 대한 고민과 성찰이 담겨 있습니다. 그런 이유로 배금주의와 물질만능주의가 팽배한 이 시대에 더욱 절실하게 필요하다고 말할 수 있습니다. 독자 여러분께 마르크스 철학 공부를 함께 해보자고 말씀드리는 가장 중요한 이유입니다.

이 책은 마르크스 철학의 핵심 내용인 변증법적 유물론(1~6강)

과 역사 유물론(7~12강)을 이해하기 쉽게 풀어 썼습니다. 특히 책 후반부의 역사 유물론은 인간 사회가 어떤 식으로 변화하고 발전하는지에 대한 법칙, 즉 역사 발전 법칙을 다루고 있습니다. 마르크스는 인류 사회의 발전 과정을 고찰하며 그 속에서 법칙을 발견했습니다. 그 법칙을 자본주의사회에 적용해 향후 인류가 어떤 사회로 나아갈지 예측했고요. 이러한 역사 유물론의 기초를 이루는 철학적 토대가 책 전반부에서 다루는 변증법적 유물론입니다. 하나의 체계를 이뤄 유기적으로 연결된 내용이기 때문에 1장부터 12장까지 순서대로 차근차근 읽어나가시기를 권합니다.

무엇보다도, 독자 여러분께서 이 책을 통해 마르크스 철학의 핵심을 제대로 이해할 수 있다면 저자로서 그보다 더 큰 기쁨은 없을 것입니다.

씨를 뿌리는 농부의 심정으로
임승수

일러두기

1. 이 책은 《원숭이도 이해하는 마르크스 철학: '마르크스 세계관'의 핵심을 찌르는》(임승수 지음, 2010)의 전면개정판입니다.

2. 강의에서 본문을 직접 인용한 도서의 서지사항은 다음과 같습니다.
   《기독교의 본질》(루트비히 포이어바흐 지음, 강대석 옮김, 한길사, 2008)
   《독일 이데올로기 1》(카를 마르크스·프리드리히 엥겔스 지음, 김대웅 옮김, 두레, 1989)
   《루트비히 포이어바흐와 독일 고전철학의 종말》(프리드리히 엥겔스 지음, 양재혁 옮김, 돌베개, 1992)
   《삼국사기 1, 2》(김부식 지음, 이강래 옮김, 한길사, 1998)
   《신성 가족》(카를 마르크스·프리드리히 엥겔스 지음, 편집부 옮김, 이웃, 1990)
   《신의 진화》(로버트 라이트 지음, 허수진 옮김, 동녘사이언스, 2010)
   《칼 맑스 프리드리히 엥겔스 저작 선집 1, 2》(카를 마르크스·프리드리히 엥겔스 지음, 최인호 외 옮김, 박종철출판사, 1997)

3. 이 책에 실린 그림 및 사진 자료의 저작권자는 각 자료의 아래에 기재하였으며, 보호 기간이 만료된 공용 자료는 별도 기재하지 않았습니다.

4. 《새로 쓴 원숭이도 이해하는 자본론》(2016), 《원숭이도 이해하는 공산당 선언》(2018)을 통해 "세상에서 가장 쉬운" 마르크스 사상 강의를 더 만날 수 있습니다.

왜
〈마르크스 철학〉을
알아야 할까?
'철학'과
'세계관'에 대하여

강의 주제

○ '철학'과 '세계관'의 뜻

○ 돈 중심의 자본주의사회에서

마르크스 철학을 알면 좋은 이유

¶

선생님·· 안녕하세요. 만나서 반갑습니다. 생각보다 인원이 많아 신기하네요. 요즘 같은 세상에 마르크스 철학 수업을 신청하다니 말이에요. 솔직히 요즘 사람들이 철학은 실용적으로는 아무런 도움도 안 되면서 골치만 아픈 학문이라고 많이들 여기잖아요.

여러분이 이 강의를 신청한 이유가 궁금합니다. 혹시 제 책 《새로 쓴 원숭이도 이해하는 자본론》이나 《원숭이도 이해하는 공산당 선언》을 읽고 마르크스에 관심이 생겨 오셨나요?

학생·· 철학을 꼭 공부해야 하는지 의문입니다. 자기계발서나 재테크 책은 내 가치를 올려 더 많은 연봉을 받고, 재산을 불려 목돈으로 만드는 데에 도움이 되잖아요. 반면 인문학이나 철학은 공부해봐야 먹고사는 데 직접 도움이 되는 것도 아니고. 막말로 돈이 안 되잖아요. 회사에서도 인문학이나 철학보다는 회계나 법률에 관한 실용적인 지식을 아는 인재를 더 선호하지요.

선생님·· 어이쿠! 그러면 왜 이 수업을 신청했지요?

학생·· 과제 부담도 적고 학점을 잘 준다고 들어서….

선생님·· 하하. 솔직한 친구군요. 하긴 맞는 말이지요. 인간의 삶이 무한하지 않은데, 요즘처럼 먹고살기 힘든 세상에서 인문학이니 철학이니 하는 것은 어쩌면 사치스러운 말장난일지도 모르겠습니다.

학생·· 음, 그럼 수강 신청을 취소해야 하나요? 사치스러운 말장난에 시간을 허비할 수는 없잖아요.

선생님·· 하하. 우선 첫 강의를 들어보고 취소해도 늦지 않겠지요? 기왕 이렇게 된 것, 첫 시간에는 '왜 마르크스 철학을 알아야 하는 가'에 대해 이야기를 해보지요. 수강 취소를 할지 말지 판단하는 시간이 되겠군요.

우선 '철학'이란 무엇을 다루는 학문인지 말해보지요. 사람들이 '철학'에 대해 갖는 선입견과 오해가 많은 것 같으니 이렇게 시작하는 게 좋겠습니다. 물리학은 물질세계의 이치를 다루는 학문이고, 사회과학은 인간이 모여 구성한 사회를 연구하는 학문입니다. 학문에는 이렇게 명확한 연구 대상이 있지요. 그럼 과연 철학은 무엇을 다루는 학문일까요? 먼저 여러분 의견을 들어보고 싶네요.

철학이란 무엇인가

학생·· 호기심에 교재를 미리 들춰봤는데 유물론, 관념론, 변증법 같은 생소하고 어려운 단어들이 마구마구 나오더라고요. 뭔가 추상적이고 복잡한 개념을 다루는 학문이 철학인가요?

학생·· 그러고 보니 아리송하네요. 생물학이라면 생명체를 다루고, 지리학이면 지리를 다루고. 이들은 탐구 대상이 명확한데, 철학은 구체적으로 떠오르는 것이 없네요. 그냥 아무거나 다 다루는 학문인가요? 흐흐. 철학자라는 부류는 세상에 대해 이것저것 가리지 않고 전부 다루는 것 같던데요. 심지어는 점치는 집에 철학관이라고 간판을 붙여놓기도 하잖아요.

선생님·· 학생 말도 일리가 있네요. 정말 '철학'이라는 이름을 내걸면 거의 모든 주제를 다룰 수 있을 것 같아요. 지식의 잡화점이라고나 할까요? 그렇다고 모든 걸 취급하는 학문이라고 말하면 그건 너무 무책임한 정의일 것 같네요.

그동안 많은 이들이 다양한 방식으로 '철학'을 정의했습니다. 그 중에서 가장 직관적으로 제게 와 닿은 정의는 바로 이것이에요.

철학은 '세계관世界觀**'에 관한 학문이다.**

학생·· 세계관이요? 좀 생소한 단어네요. 관觀에는 '본다'는 뜻이 있으니까, 세계를 보는 관점을 말하는 건가요?

선생님·· 맞아요. 세상을 보는 관점, 즉 세계관을 다루는 학문이 철학이에요. 여기서 특히 관점이라는 단어에 주목할 필요가 있어요.

학생·· 관점은 어떤 사물이나 현상을 보는 방향이나 태도를 뜻하는 말 아닌가요?

선생님·· 그렇지요. 저도 예전에는 그런 정도의 느낌으로만 이해했습니다. 그러다가 제가 처음 출판한 책 《차베스, 미국과 맞짱뜨다》를 쓰면서 '관점의 중요성'을 깨닫게 됐어요. 베네수엘라의 대통령이었던 고故 우고 차베스Hugo Chávez, 1954~2013에 관한 내용을 다룬 책이지요.

베네수엘라는 남미의 최북단에 있는 나라입니다. 저는 베네수엘라를 연구하면서 중남미 지역을 이전과는 다른 '관점'에서 보게 되었지요. 예전에는 중남미 하면 제게 떠오르는 인물은 크리스토퍼 콜럼버스였어요. 콜럼버스는 스페인 여왕의 재정 지원을 받아 새로운 인도 항로를 개척하기 위해 서쪽으로 항해를 떠났는데, 인도 대신 그동안 유럽 사람들에게 제대로 알려지지 않았던 중남미에 도착했지요. 한때는 이 사건을 "지리상의 발견" 혹은 "신대륙의 발견"이라 불렀습니다.

그런데 곰곰이 생각해보면, 뭔가 이상하지 않나요? '발견'이라면 그곳에는 사람이 살지 않았어야 할 텐데, 당시 중남미에는 대략 7,000만 명에서 9,000만 명 정도의 마야·아즈텍·잉카 문명권 사람들이 살았다고 하거든요. 이게 어떻게 발견인가요? 내가 오늘 강의실에서 여러분을 발견했나요?

학생·· 아니요. 저희가 선생님을 발견했는데요?

선생님·· 하하. 그거 말 되네요. 만약 콜럼버스가 1492년에 중남미가 아닌 조선에 왔다면, 우리는 콜럼버스에게 '발견'된 건가요? 두 문명이 우연히 그 시기에 처음으로 만난 것일 뿐이지요. '발견'이라는 단어에 이렇게 오만한 관점이 숨어 있을 수 있습니다. 어쨌든 두 문명의 '만남'은 중남미 선주민先住民에게는 재앙이었습니다. 첫 만남 이후 150년이 지나자 잉카 사람들의 숫자가 350만 명으로 급감했다고 합니다. 스페인 사람들은 중남미에서 히틀러의 나치 정권 정도로는 명함도 내밀 수 없는 인류 역사상 최악의 '인종 청소'를 자행했지요. 콜럼버스는 그중에서도 단연 악질적이었습니다. 선주민들을 노예로 삼아 귀금속을 채굴해오라고 하고, 책임량을 채우지 못하면 손목을 잘랐습니다. 반항하면 코와 귀를 자르고 개가 물어뜯도록 했다더군요. 콜럼버스가 '발견'한 아이티 섬에는 당시 30만 명의 선주민이 살았는데, 불과 몇 년 후에는 단 500명만 살아남았습니다. '신대륙의 발견'이란, 중남미 선주민의 관점에서는 외세의 침략과 대학살이었던 것이지요.

학생·· 이런 엄청난 대학살이 있었다고는 미처 생각도 못했네요. 콜럼버스는 어릴 때 위인전 책에서 처음 봤는데 이제 다시 보니까 완전 살인마네요. 그동안 우리는 누구의 관점으로 이 사건을 본 것일까요?

선생님·· 관점에 따라서 사건의 성격이 확연하게 바뀌는 극명한 사례라고 할 수 있지요. 콜럼버스는 관점에 따라 위인에서 악인으로 평가가 완전히 뒤바뀝니다. 예전 교과서에서는 이를 콜럼버스의 관점에서만 서술했는데, 최근 교과서에서는 다행히 중남미 선주민의 관점도 다루는 것 같더군요. 교과서를 만드는 사람들 또는 우리가 살고 있는 사회 전반의 '관점'이 바뀌었기 때문에 그런 것이겠지요.

한때는 "천재적 발상"의 예로 자주 쓰였던 '콜럼버스의 달걀 세우기'를 다룬 윌리엄 호가스의 그림. 달걀을 깨뜨려 세운 이 사건도 관점에 따라 자기 외의 다른 "생명을 경시"하는 "침략적이고 오만한" 사상이 반영된 행동일 수 있다.

세계관, 세계를 보는 관점

선생님·· "신대륙의 발견"이라는 하나의 사건에 국한해서 관점의 의미에 대해 다뤘는데, 범위를 더 확장해서 세계를 보는 관점, 즉 '세계관'에 대해 이야기를 해볼까요?

아직 세계관이라고 하면 막연한 느낌이 들 테니 구체적인 경험을 예로 들어볼게요. 제가 2009년에 오스트리아 빈의 미술사박물관을 방문했습니다. 그곳에는 엄청난 양의 미술품이 전시되어 있는데, 우연히 14~15세기의 그림과 조각을 모아 놓은 전시실에 들어갔어요. 거기 전시된 미술품을 보고 무척 놀랐습니다. 소재가 약속이나 한 듯 똑같기 때문이었어요.

학생·· 무엇이었나요?

선생님·· 기독교 일색이지 뭡니까. 예수, 성모 마리아 등 성서에 등장하는 인물과 순교한 성인들에 관한 내용뿐이더군요. 종교 미술 전시실인가 다시 확인해보니, 분명 일반 전시실이었어요. 그림이나 조각의 소재로 삼을 거리가 차고 넘쳤을 텐데, 그 시절 서양에서는 예술가 대부분이 종교에 관련된 그림이나 조각을 주로 제작했습니다.

학생‥ 아무래도 기독교가 당시의 대세였으니 그렇지 않을까요?

선생님‥ 물론 그렇지요. 기독교가 대세였지요. 그런데 "기독교가 대세"라는 말의 의미를 곱씹어 볼까요? 당시 서양에서는 삼라만상의 배후에 신(하느님)의 의지가 작용한다고 보았습니다. 그 때문에 하나님의 말씀이 담긴 성경책을 열심히 공부했고, 하나님의 영광을 이 땅에 구현하는 것이 삶의 목표라고 믿어 의심치 않았습니다. 그런 '세계관'이 선한 의도와 만나면 가난한 이와 고아를 돌보는 등의 행동으로 주변 사람들에게 이로운 영향을 주었습니다. 하지만 때로는 심각하게 어긋나기도 했지요. 하나님의 뜻이라며 여성들을 마녀로 몰아 고문하고 죽였으며, 십자군을 결성해 소위 "이교도"를 무참히 학살했습니다. 이런 행동이 '하나님의 뜻'이라며 정당화되었지요. 무슨 말인지 알겠나요?

학생‥ 아하!! 그러니까 서양 중세인들은 기독교라는 세계관으로 세상을 보았다는 말이군요. 모든 일에 하느님의 섭리가 숨어 있고, 무엇인가를 할 때에는 하느님의 뜻을 명분으로 삼았으니까요.
그렇게 보면 '세계관'이 중요할 수밖에 없겠네요. 세상을 어떤 방식으로 바라보고 해석하느냐에 따라 한 사람의 행동 방식이 완전히 달라질 수 있으니까요. 서양 중세인이 기독교적 세계관을 가지고 있지 않았다면, 마녀사냥이나 십자군 원정이 없었겠지요. 예수,

성모 마리아, 순교한 성인을 기리는 예술품을 제작하지도 않았을 테고요.

학생·· 하지만 과학이 발전하면서 그런 미신 비슷한 생각은 많이 없어지지 않았나요? 지금은 대부분의 사람들이 마녀사냥이나 십자군 원정이 잘못된 일이라고 생각하잖아요.

선생님·· 네. 그렇지요. 그런데 학생의 말에는 또 다른 세계관이 스며들어 있다는 것을 알고 있나요?

학생·· 그런가요?

선생님·· 바로 과학적 세계관입니다. 과학이라는 특정한 프레임으로 삼라만상을 분석하고 의미를 찾는 것이지요.

학생·· 그렇군요. 하지만 과학은 검증된 진실 아닌가요? 종교와 비교하는 것은 다소 무리가 있어 보이는데요.

선생님·· 기독교나 과학이 말하는 바가 진실인지 아닌지에 대해 이야기하자는 것은 아닙니다. 우리가 특정한 틀, 즉 '세계관'으로 세상을 바라본다는 점을 깨달을 필요가 있다는 겁니다. 그 틀이 맞든 틀리든 간에 말이지요.

무엇이 '과학적'인지 따지는 습관이, 어떤 것이 '신의 뜻'인지 살펴보는 행위와 공통점이 있다는 이야기지요. 예전에는 사람들이 일말의 의심도 없이 '신의 뜻'이라는 틀로 세상을 봤듯이 지금 우리는 너무나 자연스럽게 '과학적'이라는 잣대를 사용하고 있는 겁니다.

학생·· 아. 무슨 의미인지 알겠습니다. 세계관은 마치 공기처럼 자연스럽게 스며들어 있네요.

선생님·· 그렇지요. 사실 인간은 자신이 특정 세계관에 절어 있다는 것을 인식 못 하는 경우가 대다수지요. 재미있는 것은 강의 초반에 우리가 나누던 이야기에도 매우 강력한 세계관 하나가 담겨 있다는 점이에요. 전 세계인의 뇌를 지배하는 엄청난 위력의 세계관이지요.

학생·· 그런가요? 전혀 의식하지 못했는데요. 도대체 어떤 세계관이지요?

선생님·· 후후후. 무엇인지 떠올리지 못하는 것도 충분히 이해합니다. 그만큼 자연스럽게 대중 속에 스며들어 있는 세계관이지요.

강의 초반에 한 학생이 인문학이나 철학은 공부해봐야 먹고사는 데 도움이 안 된다고 했었지요? '돈이 안 된다'고요. 우리는 무언가를 평가할 때 그 기준을 '돈'에 두는 경향이 있지요. 돈 되는 일이면 좋고 그렇지 않으면 의미 없다는 식으로 많이들 생각합니다.

제 지인 중에 동화작가가 한 분 있어요. 동화를 좋아하는 사람이라면 충분히 이름을 들어봤을 만한 작가인데, 이 친구가 초등학교에 강연하러 갔다가 "동화작가는 연봉이 얼마냐"는 질문을 받았습니다. 철모르는 아이가 장난치려고 물어본 게 아니었어요. 질문한 초등학생의 장래희망이 동화작가였거든요. 나름대로 진지하게 진로를 고민했는데, 아무리 동화작가가 좋더라도 연봉이 일정 수준 이하라면 어렵겠다는 판단이 들어 질문했다는 겁니다.

초등학생이 선호하는 장래희망 직업이 건물주와 유튜버라는 웃지 못 할 뉴스를 본 기억이 나는데요. 둘 다 쉽게 돈 벌 수 있다는 이미지가 강한 직업이지요.

학생·· 아이들 꿈의 기준이 돈이 됐군요.

선생님·· 그렇지요. 다른 이야기를 해볼게요. 가사노동과 육아노동의 경우는 어떨까요? 직장인 남성과 이야기를 나누다 보면 "아내는 내가 벌어다 주는 돈 쓰며 집에서 논다"고 얄궂게 말하는 일이 종종 있습니다. 일단 다 차치하고, 과연 아내가 집에서 노는가요?

전업주부의 가사노동과 육아노동이 없다면 현재의 사회는 돌아가지 못 하고 멈출 겁니다. 직장인 남성이 일에 전념할 수 있는 것은 아내가 가사노동과 육아노동을 전적으로 책임지기 때문이지요. 그런데 아직도 전업주부에 대해서 너무나 쉽게 '논다'고 말들을 합니다.

저는 기본 직업이 작가라 외부 일정이 없으면 주로 집에 있어요. 그러다 보니 가사노동과 육아노동에 상당한 시간을 할애합니다. 첫째 똥 3년, 둘째 똥 3년, 합해서 6년간 아기 똥을 치웠고 설거지와 청소, 장 보기, 아이들 등교를 전담하는데, 그러면서 가사노동과 육아노동은 철저히 그림자 노동이라는 사실을 깨달았어요. 설거지하고 장 봤다고 칭찬받나요? 반면 설거지 한 번만 빼먹어도 바로 질책이 날아오기 십상이지요.

그런데 더 이상한 게 있어요. 아내가 자기 자식 돌봐주고 자기 먹은 거 설거지해주면 "마누라 집에서 논다"고 말하는 사람이, 아내가 가사도우미로 남의 자식 봐주고 남이 먹은 거 설거지하면 "마누라가 일한다"고 말해요.

학생·· 정말 그렇네요. 자기 자식 봐주면 노는 거고, 남 자식 봐주면 일하는 건가요? 헛웃음이 나오네요.

선생님·· 차이를 만드는 기준은 결국 '돈'입니다. 자기 자식 봐주는 것에서는 돈이 안 생기지만, 남의 집 가사도우미를 하면 돈이 생기잖아요.

우리는 언제부터인가 별다른 의심 없이 돈을 가치판단의 기준으로 삼고 있습니다. 멀쩡히 일하고 있던 수많은 노동자가 정리해고를 당하는 이유도 툭 까놓고 말해 회사가 돈 버는 데 도움이 안된다는 판단을 하기 때문이지요. 청년실업자가 넘쳐나는 이유도, 그들을 고용했을 때 추가로 벌 수 있는 돈보다 인건비가 많이 든다는 경영진의 판단 때문입니다. 따지고 보면 다 돈 문제지요.

한 번 우리 사회가 돌아가는 방식을 생각해보세요. 모든 사회 구성원이 공유하는 세계관은 바로 '돈' 중심 세계관입니다. 예전에는 하나님의 뜻이냐 아니냐에 따라서 선악이 갈렸다면, 지금은 돈을 버는 데 도움이 되느냐 아니냐로 선악이 갈립니다.

학생·· 인문학이나 철학이 먹고사는 데 도움이 안 된다는 말을 제가 했는데요. 솔직히 돈이 없으면 하루도 제대로 살 수 없잖아요. 하느님 없이는 살 수 있지만요. 그런 점에서 종교와 돈을 비교하는 것은 적절하지 않은 것 같습니다.

선생님·· 정말 돈이 없으면 살 수 없을까요? 냉정하게 보면, 돈은 그저 상거래의 수단일 뿐입니다. 창고에 지폐 1,000조 원을 쌓아놓았다고 가정해봅시다. 그리고 대한민국 사람들이 1년 동안 아무

일도 안 하는 거예요. 1년 후 창고에 가보면 1,000조 원이 그만큼의 가치를 갖는 재화로 바뀌어 있을까요? 당연히 그렇지 않지요. 지폐 그대로 남아 있을 겁니다.

사실 우리가 사용하는 모든 물건은 돈이 만들어내는 게 아닙니다. 인간이 노동해서 만들어내는 것이지요. 인간의 정신적·육체적 노동 없이는 아무리 작은 것 하나도 만들어내는 게 불가능하잖아요. 그럼에도 불구하고 왜 돈이 가치를 창출한다는 착각에 빠졌을까요? 그건 우리 사회가 돈을 매개로 돌아가는 자본주의사회이기 때문입니다.

예컨대 우리는 기업이 이윤을 내야 경제가 돌아갈 수 있다고 말합니다. 그런데 정말 기업이 이윤을 낼 수 없으면 생산이 멈춰야 하나요? 무인도에 표류한 사람들이 거주 목적으로 통나무집을 지을 때 이윤을 계산하면서 짓나요? 자신들이 살기 좋게 지으면 그만입니다. 거기에서는 농사를 짓더라도 돈을 얼마 버느냐는 전혀 고려하지 않을 거예요. 이윤이 나지 않아도 얼마든지 생산 활동은 가능합니다. 다만 우리는 모든 것이 돈으로 거래되는 자본주의 시스템에 길들어서 이윤이 생산의 유일한 목적이라고 믿을 뿐이지요.

학생·· 사실 그런 생각은 해본 적이 없는데, 묘하게 설득력이 있네요.

선생님·· 눈에 보이는 현상을 넘어 본질로 파고 들어가면, 그 옛날 맹목적으로 신을 믿는 '세계관'과 현대 자본주의의 돈을 신봉하는 '세계관'은 사실상 같은 종류의 것입니다. 서양 중세 시절 하느님이 모든 것을 가능하게 한다고 생각했던 것처럼, 현대사회에서는 돈이 모든 것을 가능하게 만든다고 생각하는 것이지요. 한 마디로 돈이 신의 자리를 대체했습니다. 어쩌다 보니 첫 강의부터 너무 많은 이야기를 한 것 같군요. 추후 이런 이야기들을 나눌 시간이 또 있을 겁니다.

학생·· 네, 알겠습니다. 어쨌든 선생님 말씀대로라면, 우리는 '돈' 중심 세계관을 공유하고 있는 셈이군요.

선생님·· 그렇습니다. 자본주의사회는 인간 활동 대부분이 '돈'에 의해 조직되고 진행되지요. 그런 상황을 구성원들이 너무나 자연스럽게 받아들이고 있고요. 어쨌든 우리가 살고 있는 자본주의사회의 예도 살펴봤으니 '철학은 세계관에 대한 학문'이라는 말이 조금은 구체적으로 다가오지요?

'돈' 중심의 자본주의적 세계관과 마르크스 철학

———

학생·· 알게 모르게 '세계관'은 우리의 사고방식을 지배하고 있군요. 철학이 세계관에 관한 학문이라니 조금은 흥미가 생기는데요? 그렇다면 '마르크스 철학'은 마르크스의 세계관, 그러니까 마르크스가 세상을 보는 '관점'에 대해 다루겠군요. 마르크스가 세상을 보는 관점이 기존의 세계관과 다른가요?

선생님·· 네. 따로 마르크스 철학이라고 부를 만큼 독자적인 영역을 구축하고 있지요. 특히 모든 것을 돈으로 평가하는 자본주의적 세계관의 문제점과 한계를 날카롭게 지적합니다. 종교적 세계관이 과학적 세계관을 통해서 극복되었듯이, 저는 마르크스 철학이 자본주의적 세계관의 문제를 극복하고 사회가 더 나은 방향으로 진보할 수 있는 가능성을 보여준다고 생각합니다.

학생·· 돈으로만 모든 것을 평가하는 자본주의적 세계관이 문제가 있는 것은 사실이지만, 그렇다고 마르크스의 철학이 옳다는 보장도 없지 않나요? 어쨌든 현실 사회주의는 실패했고 마르크스는 한물간 사회주의 사상가니까요.

선생님·· 많은 사람이 그렇게 생각하지요. 그런데 우리는 사마천이

2,000년 전에 쓴 《사기史記》를 읽으며 지금도 교훈을 찾습니다. 마르크스를 한물갔다고 안 읽는다면, 사마천의 《사기》 같은 고전을 읽는 행위는 어떻게 봐야 할까요?

솔직히 말해서, 마르크스를 비판하는 사람 대부분이 마르크스가 주장한 내용이 무엇인지 잘 모릅니다. 마르크스에 대한 오해와 편견은 너무 심각한 수준이지요. 저는 마르크스 철학이 자본주의 시대를 사는 우리에게 여전히 놀라운 통찰을 준다고 확신합니다. 그래서 이 강의도 하는 것이고요. 물론 제 개인적인 생각일 수 있지만요.

학생·· 뭐, 마르크스의 주장이 설득력이 있다면 받아들이면 되고, 그렇지 않더라도 지식을 쌓는 차원에서 알아두면 좋겠네요. 어쨌든 세상에 큰 영향을 끼친 사상가니까요. 어느 쪽이든 손해 볼 일은 없으니, 이왕 하는 것 열심히 공부해보겠습니다.

선생님·· 후후. 매우 실용적인 학생이군요. 그런 자세도 좋습니다. 어쨌든 앞으로 마르크스 철학이라는 주제로 크게 두 가지를 공부합니다. 바로 '변증법적 유물론'과 '역사 유물론'입니다.

학생·· 듣기만 해도 현기증 나는 단어들이네요. 변증법, 유물론, 역사.

선생님‥ 걱정하지 마세요. 강의를 잘 따라오면 생각보다 어렵지 않게 이해할 수 있습니다. 심지어 강의 제목이 '원숭이도 이해하는 마르크스 철학'이잖아요? 뭐, 원숭이를 대상으로 한 임상 시험은 없었지만요.

오늘은 첫 시간이니 무리하지 말고 이 정도로 마치지요. 다음 시간에는 유물론과 관념론을 시작으로 마르크스 철학에 대해 본격적으로 다루겠습니다.

학생‥ 네!

생각해봅시다

/

○ 철학은 무엇을 다루는 학문인가요?

○ 세계관이 우리에게 끼치는 영향을 이야기해봅시다.

○ 자신이 가진 세계관이 어떤 것인지 생각해봅시다.

물질세계는
실제로
존재하는가?
유물론 VS 관념론

강의 주제

- 세상의 근원에 대한 두 가지 상반된 인식
- 관념론과 유물론
- 철학의 근본문제
- 물질세계의 실제 존재 여부

선생님‥ 지난 시간에 이야기했듯이 지금부터는 마르크스 철학, 구체적으로 '변증법적 유물론'과 '역사 유물론'에 대해서 강의를 진행합니다. 전체 일정 중 전반부는 '변증법적 유물론'을 다루고 후반부는 '역사 유물론'을 다룹니다. 우선 변증법적 유물론부터 시작해볼까요? 이해를 위해서는 차근차근 단계를 밟아 올라가야 하는데요. 오늘은 그 첫 계단으로 유물론과 관념론이라는 철학의 두 흐름에 대해서 알아보겠습니다.

학생‥ 관념론이나 유물론 같은 단어들을 종종 접하긴 했지만 뜬구름 잡는 이야기 같아서 머릿속에서 정리가 잘 안 되네요. 이번 기회에 제대로 알면 좋겠습니다. 그런데 왜 맨 처음 배우는 것이 '관념론'과 '유물론'인가요? 어려울 것 같은데….

철학의 첫걸음, '세상의 근원은 무엇일까'

___

선생님·· 철학이라는 학문은 뭔가 궁극의 진리를 추구할 것 같다는 '느낌적인 느낌'이 있지요? 맞습니다. 철학은 끊임없이 원인과 결과를 찾아내고 뿌리를 캐내서 진리를 추구하는 학문입니다. 그렇기 때문에 우리가 살아가는 세계에 대한 전체적인 인식, 즉 세계관을 관통하는 학문이 될 수 있지요.

유물론과 관념론도 끊임없이 진리를 추구하는 과정에서 나온 개념입니다. 일반적으로 인간은 인과관계, 즉 원인-결과 관계를 통해 주위에서 일어나는 다양한 현상들을 해석하고 이해합니다. 예를 들어 '나'라는 결과물이 존재할 수 있었던 원인은 나의 부모님이고, 내 부모님이 존재할 수 있었던 것은 '부모님의 부모님' 때문이지요. 이렇게 인과관계를 소급해 올라가다 보면 모든 현상의 근원이 되는 '궁극의 원인'이 필요하지요. 인과관계가 무한히 계속될 수는 없으니까요. 즉, 인과관계를 따지다 보면 결국 '세상의 근원은 무엇일까'라는 피할 수 없는 질문에 도달하게 됩니다. 일반적으로 서양 철학의 시초를 세운 인물을 고대 그리스의 탈레스Thales, 기원전 624~545라고 평가하는데, 그것은 탈레스가 만물의 근원, 즉 세상의 근원이 무엇인지 질문하고 나름의 과학적인 방식으로 대답하려고 했던 (알려진) 첫 번째 인류이기 때문입니다.

세상의 근원은 무엇일까

유물론과 관념론은 '세상의 근원은 무엇일까'라는 질문에 상반되는 답을 내놓습니다. 이 두 가지 상반된 인식과 세계관의 대립은 고대 그리스 시대(플라톤과 데모크리토스로 대표되는)부터 시작되어 지금까지도 이어지고 있지요.

유물론은 세상의 근원이 '물질'이라고 답합니다. 물리학, 화학, 지구과학, 생물학 같은 학문을 떠올리면 쉽게 이해할 수 있지요. 이들은 바람, 번개, 폭우, 지진 같은 자연현상의 원인을 물질에서 찾아냅니다. 물질의 근원을 찾아내기 위해 분자, 원자, 양성자, 전자, 쿼크 등의 소립자 수준까지도 탐구하지요. 인간 정신 활동의 근원 역시 단백질로 이루어진 뇌세포(물질)의 신진대사로 설명합니다. 한마디로 삼라만상의 근원은 물질이라는 이야기입니다.

반면에 관념론은 세상의 근원이 물질이 아닌 '정신(관념)'이라고 주장합니다. 종교를 떠올리면 이해가 쉽겠군요. 예컨대 바람, 번개, 폭우, 지진의 원인을 '신'의 의지에서 찾는 것이지요. 정신적이며 초월적인 존재인 신이 세상을 창조했다고 생각하는 것은 세상의 근원을 물질이 아닌 '정신(관념)'이라고 보는 견해입니다. 신이 물질을 만들었다고 생각하는 거니까요. 과학자 중에도 물질세계를 신이 창조했다고 믿는 사람들이 있습니다. 이들은 자연에 숨어 있는 법칙을 발견하며 정신적 존재의 숨결과 손길을 느끼겠지요.

학생‥ 저는 교회를 다니는데요. 혼자 그런 생각을 했어요. 모든 것에는 분명 원인이 있고, 그 원인에는 또 원인이 있고, 원인에 원인이 있고, 이런 식으로 소급해 올라가면 결국은 모든 것의 원인이 되는 존재가 있어야 하지요. 인과관계가 무한할 수는 없으니까요. 저는 궁극의 원인이 되는 존재를 하느님이라고 생각했어요. 나름 머릿속에서 신의 존재를 증명했다고 생각하니 뿌듯했지요.

선생님‥ 저만 그렇게 생각한 게 아니군요. 저도 어릴 적 교회에 다닐 때 똑같이 생각했거든요. 관념론과 유물론을 이해하기 위해서 '신'에 대한 이야기를 더 해볼게요. 종교(관념론)에서는 '신'의 존재를 기본적으로 전제하지만, 유물론의 관점에서 보면 '신'은 인간이 머릿속에서 고안한 개념입니다. 로버트 라이트가 쓴 《신의 진화》라는 책이 있습니다. 거기에 나오는 내용을 일부 살펴볼까요?

시베리아 원주민 추크치 족은 사납게 불어대는 바람을 다루는 그들만의 특별한 방식이 있었다. 부족의 남자가 "서풍이여, 여기를 봐라! 내 엉덩이를 내려다봐라. 너에게 기름진 음식을 줄 것이니 그만 멈추어다오!"라고 기도하는 것이다. 이 의례를 목격한 19세기의 한 유럽인 여행자는 그것을 이렇게 묘사했다. "주문을 외운 남자가 바지를 내리고 바람 부는 쪽을 향해 맨 엉덩이를 드러낸다. 그리고 매 단어마다 박수를 친다." (21쪽)

학생·· 무당이 굿하는 장면 같네요. 서풍이 불지 말라고 하는 것을 보니 서풍을 싫어하는 것 같아요.

선생님·· 아마도 추크치 족은 서풍이 불면 식량을 확보하기 어려워진다든지 한파가 온다든지 하는 전승되는 지식이 있는 것 같네요. 서풍이 자신들의 삶에 반갑지 않은 손님이라고 느끼는 거지요. 여기서 주목할 지점은 추크치 족이 서풍을 대하는 방식입니다. 서풍을 마치 무엇처럼 대하고 있나요?

학생·· 서풍은 눈이 없을 텐데 엉덩이를 보라고 하고, 입도 없는데 음식을 먹으라고 하는 걸 보면 마치 살아있는 인간을 대하듯하네요.

선생님·· 맞습니다. 사람처럼 대하고 있지요. 현대 인류는 바람을 그런 식으로 대하지는 않지요. 바람은 기압의 차이로 인해 발생하는 자연현상이라는 사실을 아니까요. 하지만 추크치 족은 바람에 대한 과학 지식이 없습니다. 서풍은 반갑지 않은 현상이기 때문에, 추크치 족은 서풍이라는 자연현상을 나름의 방식으로 해석하고 대응합니다. 여기서 서풍을 해석하는 방식이 중요한데요. 자신이 알고 있는 어떤 존재를 서풍에 '투사'해 해석합니다. 무엇을 투사할까요?

학생‥　아! '인간'의 모습을 서풍에 투사하는군요.

선생님‥　그렇지요. 적어도 추크치 족은 인간(자기 자신)에 대해서는 항상 생생하게 느끼면서 어느 정도는 파악하고 있으니, (자신이 이미 알고 있는) 인간이라는 존재를 대상에 투사하는 겁니다. 우리가 아이들한테 생소하고 어려운 개념을 가르칠 때, 아이가 이미 알고 있는 사실에 비유해서 설명하지요. 그래야 아이가 이해할 수 있으니까요. 그와 같은 맥락인 거지요.

학생‥　아하! 이해했어요. 우리가 누군가에게 청탁할 때 음식을 대접하거나 선물을 주잖아요. 그러면 상대의 기분이 좋아져서 부탁을 들어줄 가능성이 높아지니까요. 추크치 족은 그런 행동을 서풍한테 하고 있네요. 음식을 주면서 이제 좀 멈춰달라고 부탁하잖아요.

선생님‥　동화에 등장하는 바람, 불, 물, 흙의 정령이 인간과 비슷한 모습인 것도 그런 맥락입니다. 그리스 신화에 등장하는 신을 보세요. 술 마시고, 사랑하고, 결혼하고, 자식 낳고, 전쟁도 하고요. 제우스, 헤라, 하데스, 포세이돈 등 그럴싸한 이름을 붙여놨지만 사실 신화에 등장하는 신의 모습은 누구를 닮았나요?

학생·· 인간의 모습이군요. 그러고 보면 정도의 차이만 있지, 종교에 등장하는 신은 대부분 인간을 닮았네요. 성경에 등장하는 유일신 여호와도 인간처럼 질투하고 화내고 사랑하고 슬퍼하잖아요.

선생님·· 그렇습니다. 환경에 적응해 생존하기 위해서는 당장 눈앞에 일어나는 현상을 해석하고 대응해야 하니, 급한 대로 대상에 인간의 모습을 투사한 거지요. 그런 방식으로 세상을 해석하면서 삼라만상의 궁극적 원인이라 여겨지는 존재에 인격을 부여해 '신'까지 만들어낸 것입니다. 세상에서 일어나는 일을 설명하는 하나의 거대한 이야기(허구)를 만든 것이지요. 그 이야기가 발전해 신화와 종교가 되었고요.

그런데 인간이 자신의 모습을 대상에 투사해서 이야기를 만들다 보니, 신이 인간을 닮을 수밖에 없습니다. 성경에는 신이 자신의 모습과 닮은 인간을 만들었다고 나오지요? 유물론의 관점에서 보면 거꾸로 된 이야기입니다.

학생·· 그런데 신이 실제로 존재할 수도 있는 것 아닌가요? 현대 과학으로도 모르는 것이 여전히 많잖아요. 허구라고 무작정 단정할 수만은 없다고 봐요.

인간을 닮은 신 그리고 언어·추상·관념

선생님·· 네. 학생의 의견도 일리가 있어요. 인간은 여전히 모르는 것이 많습니다. 그런데 여기서 하나 더 생각해볼 게 있습니다. 사실 언어에는 묘한 구석이 있습니다. 예컨대 우리가 '신'이라는 단어를 자꾸 사용하다 보면 왠지 그 단어에 대응하는 존재가 실재한다고 생각하게 되거든요. 영혼이라는 단어도 그렇고요.

이쯤에서 언어의 기능에 대해 살펴볼까요? 저기 창밖에 나무들이 보이지요? 세상에는 다양한 나무가 있습니다. 미루나무, 사과나무, 벚나무, 단풍나무 등 식물도감을 펴면 엄청나게 많은 종류의 나무를 찾을 수 있어요. 우리는 이 각양각색의 생명체에게 '나무'라는 공통된 이름을 붙입니다. 그런데 엄밀히 말해서 '나무'라는 일반적인 개념은 그 자체로는 현실 세계에 존재하지 않습니다. 우리가 실제로 보는 것은 참나무, 벚나무, 단풍나무라고 부르는 구체적인 식물이지, '나무'라는 보편적 존재가 실제로 있는 것은 아니잖아요. 단지 공통적인 성질을 공유하는 식물군을 묶어서 '나무'라고 부를 뿐이지요.

이런 식으로 특정 대상에 존재하는 공통된 성질들을 뽑아내 개념화하는 과정을 '추상抽象'이라고 합니다. 예컨대 '나무'라는 개념은 참나무, 벚나무, 단풍나무라고 불리는 구체적이고 개별적인 식물 사이의 차이점을 거르고 공통점만 모아낸 것입니다. 우리가 언어생활에서 사용하는 일반적 개념은 대부분 추상 작용을 거칩니다. '개'도 마찬가지지요. 진돗개, 셰퍼드, 도사견, 불독, 달마시안 등 구체적이고 개별적인 동물들에 존재하는 공통된 성질을 뽑아서 만들어낸 개념이지요. '개'라는 개념이 그 자체로 존재하는 것은 아니니까요.

학생·· 플라톤이 이야기한 '이데아'가 떠오르는데요. 철학자 플라톤이 '나무'나 '개' 같은 보편적 개념을 언급하며 '이데아'를 논하지 않았나요?

선생님·· 학생, 철학 공부 좀 했네요? 맞습니다. 플라톤은 모양, 크기, 색깔이 제각각인 식물 중에 특정한 식물군을 '나무'라는 보편적 개념으로 묶어내는 인간의 언어능력에 관심을 가졌습니다.

　'인간은 어떻게 각양각색의 수많은 식물 중에서 특정한 부류를 골라내고 묶어서 나무라고 통칭할 수 있을까?' 고민 끝에 플라톤은 '나무'라는 일반적 개념이 현실 세계를 초월한 어딘가에 실제로 존재한다는 결론을 내립니다. 현실에 존재하는 다양한 나무들은 '진짜 나무'의 그림자일 뿐이며, 피안의 세계에는 나무들의 원형인 '나무의 이데아'(진짜 나무)가 존재한다는 뜻입니다. 인간은 영혼 상태로 존재할 때 피안의 세계에서 '나무의 이데아'를 이미 경험했기 때문에, 현실 세계의 다양한 나무들을 보며 '나무의 이데아'를 떠올릴 수 있다는 겁니다. 그래서 인간은 다양한 식물 중 특정 부류를 골라내 '나무'라는 개념으로 묶어낼 수 있다는 것이 플라톤의 설명입니다.

학생·· 너무 어려운데요. 잘 이해가 안 가요.

선생님·· 뭔 소린가 싶지요? 이해를 돕기 위해 또 다른 예를 들어보지요. 우리가 낙서할 때 동그라미 하나를 그리고 선 몇 개를 붙여서 사람을 표현하지요? 솔직히 동그라미에다가 선 몇 개 그린 낙서가 어떻게 인간 모습과 똑같나요? 달라도 너무 다르잖아요. 그런데 남녀노소 누구나 할 것 없이 그 낙서를 보고 사람을 표현했다고 알아차립니다. 플라톤은 이런 게 너무 신기했던 거예요.

어떻게 구체적인 인간의 모습과 전혀 다른 저런 허접한 낙서를 보고도 누구나 인간을 떠올릴까? (다르게 표현하면, 어떻게 저렇게 다양하게 생긴 식물들에서 '나무'라는 개념을 추출할까?) 그래서 '이데아'라는 개념을 만들어 나름대로 상황을 설명하는 겁니다. 우리의 영혼이 피안의 세계에서 이미 '인간'의 원형(이데아)을 보았기 때문에, 생김새가 다양한 사람들뿐 아니라 조잡한 낙서까지도 묶어서 '인간'이라고 부를 수 있다는 이야기지요.

학생·· 플라톤은 인간이 언어라는 도구를 통해 만든 '나무', '개',

'사람' 같은 개념이 오히려 피안의 세계에 '이데아'로 존재하며, 현실에 존재하는 구체적인 사물들은 이데아의 그림자일 뿐이라고 보았다는 거군요. 뭔가 관념론과 통하는 이야기 같은데요? 현실(물질세계)은 그림자, 피안의 세계에 존재하는 '이데아'가 진짜라는 이야기니까요.

선생님·· 그렇습니다. 실제로 idea를 '관념'으로 번역하고, idealism은 '관념론'으로 번역합니다. 그래서 플라톤을 철학사에서 관념론의 창시자라고 보기도 하죠.

학생·· 정리하면 물질로 이루어진 현실 세계는 그림자(허상)일 뿐이며, 영혼이 체험하는 이데아(관념)의 세계야말로 진짜라는 말이군요.

선생님·· 맞습니다. 그런데 인간의 언어생활을 살펴보면, 거기에는 언제든지 관념론이 자라날 수 있는 토양이 존재합니다.

'영혼'이라는 단어를 예로 들어볼게요. 우리는 뇌 과학을 통해 정신 활동이 두뇌 속 신경세포(뉴런)의 복잡한 연결을 통해 이루어진다는 사실을 압니다. 아무리 똑똑하고 높은 지적 능력을 지닌 사람이더라도 두뇌에 물리적 손상을 입으면 정신 활동에 장애를 겪으니까요. 어느덧 인류는 뇌세포의 연결 방식을 모방해서 괜찮은 성능의 인공지능을 만드는 수준까지 도달했지요. 그런 이유로 인간의 정신 활동이 물질 신진대사의 결과물이라는 사실은 이제 상식입니다.

하지만 옛사람들은 인간의 정신 활동이 물질세계와는 별개의 영역이라고 생각했습니다. 물질은 보고 만질 수 있지만, 머릿속 생각들은 보이지도 않고 만질 수도 없으니까요. 감각기관으로 포착할 수 없으니 물질세계에 속하지는 않지만, 생생하게 '정신'이 존재함을 느낍니다. 누구도 이것을 부정할 수 없지요. 사람들은 이러한 정신적 존재를 '영혼'이라고 부르기 시작했습니다. 그리고는 물질로 이루어진 육신은 껍데기이며 내 정신 활동의 근원은 '영혼'이라고 생각했습니다. 죽음은 영혼이 육신을 떠나는 현상이라고 보았고요.

'영혼'이라는 단어를 이용해 두뇌의 사고 작용을 설명하다 보니, 사람들은 영혼이 실제로 존재한다고 생각(착각)하게 됩니다. 이게 바로 언어가 가지는 힘이지요.

학생·· 산타클로스가 진짜로 있다고 생각하는 초등학생과 비슷한 상태군요. 어른들한테 반복적으로 산타클로스라는 '단어'를 접하니 그 '존재'를 믿게 되잖아요.

선생님·· 재밌는 비유네요. 하지만 아이들도 지식과 경험이 쌓이면 산타클로스가 존재하지 않는다는 쓸쓸한 사실을 알게 되지요. 마찬가지로 과학이 발전하면서 정신 활동은 영혼이 아니라 단백질로 이루어진 두뇌의 신진대사 결과임을 알게 되었습니다.

어쨌든 인간의 정신 활동은 '영혼' 때문이며 우리 몸에 영혼이 깃들었기 때문에 살아 움직이는 것이라면, 인간 외의 존재에도 '영혼'을 적용할 수 있겠지요?

'호랑이가 움직일 수 있는 것은 호랑이에게 영혼이 있기 때문이야.' '곰이 움직일 수 있는 것도 곰에게 영혼이 있기 때문이야.'

더 나아가 모든 대상에는 영혼이 존재한다고 생각할 수도 있지 않을까요? 바람, 불, 흙, 나무 등 모든 것에 '영혼'이 깃들어 있다는 식으로요. 바람, 불, 흙, 나무 등도 끊임없이 변화하니까, 그런 변화와 움직임을 만드는 것이 바람, 불, 흙, 나무의 영혼이라고 설명하는 거지요.

학생·· 아하! 그게 바로 '애니미즘'이군요.

선생님·· 네. 모든 것에는 영혼이 깃들어 있다는 생각이 바로 애니미즘입니다. 지금까지 '신'과 '언어'를 중심으로 여러 이야기를 했는데요, 정리하자면 물질세계와 정신세계를 분리해 정신세계가 더 본질적이고 근원적이라고 보는 세계관이 관념론입니다. 이러한 사고방식을 통해 모든 것의 근원이며 세상을 창조한 정신적 존재를 고안해 '신'이라는 이름을 붙였지요. 제대로 이해할 수 없는 현상에 '신의 의지'라는 딱지를 붙이면 그것으로 설명이 끝나는 방식이지요. '언어'에는 이러한 사고방식을 합리화하는 묘한 구석이 있고요.

반면 유물론은 세상의 근원을 물질이라고 봅니다. '영혼'이나 '신'과 같은 관념에 기대어 세상을 해석하고 이해하는 태도를 거부하는 것이지요. 감각기관을 통해 인지할 수 있고 우리의 외부에 객관적으로 존재하는(혹은 존재한다고 여겨지는) 물질 사이의 상호작용을 통해 삼라만상을 해석하고 이해하려고 노력하는 것이 바로 유물론입니다.

신의 분노로 여겨지던 번개는 구름과 대지 사이의 방전 현상으로 설명합니다. 비가 오지 않아 논바닥이 바짝 마르더라도 지도자가 목욕재계하고 기우제를 지내지 않습니다. 가뭄의 원인을 신의 기분이 아니라 지구를 구성한 물질과 태양의 상호작용으로 이해하기 때문이지요. 인간의 사고방식과 행동 양식을 이해하기 위해 기능적자기공명영상fMRI 같은 기계로 머릿속 물질의 신진대사를 관찰합니다.

대상과 현상에 대한 이러한 접근 방식, 여러분도 익숙하지요? 사실 현대사회에서는 삼라만상의 궁극적 근원이 물질 그 자체에 있다고 보는 관점, 즉 유물론적 사고방식이 보편적이기 때문이지요.

학생·· 관념론과 유물론의 차이를 확실히 알겠습니다. '세상의 근

관념론
觀念論
IDEALISM

유물론
唯物論
MATERIALISM

세상의 '근원'을 물질로 보는 것이 유물론, 의식으로 보는 것이 관념론이다. 이 상반된 인식과 세계관의 대립은 '철학의 근본문제'라고 불릴 만큼 중요한 것이며, 역사 속에서 서로 투쟁을 벌여왔다.

바티칸궁전의 프레스코 벽화 〈아테네 학당〉의 일부. 라파엘로가 그린 이 작품에서, 왼쪽의 플라톤은 이데아(신, 절대정신 등으로 바꿔 말할 수 있는)의 세계를 상징하는 하늘을 가리키고 있고, 오른쪽의 아리스토텔레스는 물질세계와 인간의 세상을 상징하는 땅을 가리키고 있다.

원은 무엇이냐'는 물음에 관념론은 '신'과 같은 정신적 존재라고 답하고, 유물론은 '물질'이 근원이며 정신은 물질의 결과물이라고 답하는군요. 관념론은 자연스럽게 종교와 이어지고, 유물론은 과학과 통할 수밖에 없겠네요.

선생님·· 종교에서 신은 만물의 근원입니다. 신이 우선 존재했고, 물질은 신이 창조했다고 보지요. 반면에 유물론은 물질이 우선 존재하고 그 결과로 정신과 의식이 존재한다고 말합니다.

학생·· 결국 물질과 의식 중 어느 것이 우선이냐를 놓고 유물론과 관념론으로 갈리는군요.

선생님·· 물질과 의식 중에 무엇이 우선이냐를 '철학의 근본문제'라고 부릅니다. 그만큼 중요한 문제라는 뜻이지요.

철학의 근본문제와 이데올로기

학생·· 그런데 과학이 발전하면서 자연스럽게 유물론이 이미 대세가 되지 않았나요? 뇌 과학이 발전해서 인간의 정신 활동을 물리학, 화학, 생물학을 통해 규명하고 있잖아요. 옛날에는 태풍과 번개, 천둥, 홍수, 가뭄 등의 현상에 대해 하느님이 화가 났다고 설명했지만, 지금은 지구과학 이론을 통해 설명하지요. 물론 여전히 종교가 사회에 영향력을 끼치고 있지만, 예전에 비하면 힘이 상당히 약해졌고 갈수록 과학이 종교를 대체하는 추세가 되리라 생각합니다.

선생님·· 모든 것을 신의 섭리로 설명하려는 종교, 모든 것을 물질세계에 대한 이해로 설명하려는 과학. 이 둘 사이에는 항상 긴장과 갈등이 존재했습니다. 관념론과 유물론은 종교와 과학이라는 외피를 쓰고 서로 투쟁했지요. 갈릴레이가 지동설을 주장했다가 종교재판에 소환되고, 다윈의 진화론이 기독교의 창조론과 갈등을 빚은 일은 너무나 유명하지요. 여러분도 알고 계실 거예요.

갈릴레이가 종교재판을 받을 당시 가톨릭 고위 사제들도 천동설보다 지동설이 훨씬 합리적이라는 사실을 알았다고 해요. 가톨릭 사제들은 당대 기준으로 학식이 높은 사람들이었거든요. 그럼에도 불구하고 가톨릭교회는 갈릴레이에게 지동설을 철회하지 않으면 죽임을 당할 것이라고 압력을 넣었고, 갈릴레이는 결국 지동설을 철회한다고 맹세했지요. 가톨릭교회에서는 수백 년이 지난 20세기에야 갈릴레이의 종교재판이 잘못되었다고 공식적으로 인정했습니다.

학생‥ 갈릴레이 재판이 잘못됐다는 것을 20세기에 와서야 인정했다는 것은 충격적이네요. 종교계의 대응을 이해할 수 없어요. 자신들이 틀린 것을 인정하는 게 그렇게 어려운가요?

선생님‥ 문제가 그렇게 간단하지는 않습니다. 유물론과 관념론의 대립, 과학과 종교의 대립은 단순히 어떤 주장이 옳고 그르냐의 문제에만 그치지 않기 때문이에요.

오랜 옛날에는 제정일치 사회였습니다. 정치 지도자가 종교 지도자를 겸하지요. 왕이 곧 제사장이라는 뜻인데요. 왕이 백성들에게 세금을 걷고 법을 집행하고 재판을 하는 권력을 인정받기 위해서는 그럴싸한 명분이 필요했는데, 신의 대변자라는 종교적인 권위가 왕의 권력을 크게 뒷받침했지요. 지배층의 정치권력에 정당성을 부여한 수단이 종교였던 것입니다. 중세의 서양 역시 마찬가지였습니다. 기독교는 서양 봉건 지배층의 권력을 정당화하는 수단으로 기능했습니다. 노골적으로 이야기하자면 봉건 신분제를 지탱하는 대국민 세뇌 시스템이었지요.

동양도 비슷합니다. 왕의 조상이 알에서 태어났다고 《삼국사기 三國史記》에 나오는 것 알고 계시지요? 솔직히 사람이 알에서 태어난다는 게 말이 안 되잖아요. 신화나 종교를 통해 자신들이 특별한 존재임을 내세우고, 피지배층이 순응할 수 있도록 세뇌하는 겁니다. 세뇌 시스템이 체계적이냐 조잡하냐의 차이는 있겠지만, 본질은 같아요.

학생·· 아! 관념론(신화나 종교)이 기득권층의 이익을 옹호하는 이데올로기로 기능했다는 말씀이군요. 갈릴레이의 지동설을 인정하면 가톨릭교회의 권위가 무너지고 봉건 지배층의 입지도 타격을 받을 테니까, 사실 여부와 관계없이 관념론을 유지했다는 이야기네요. 갈릴레이가 종교계로부터 왜 그렇게 비난과 탄압을 받았는지 이해가 됩니다.

선생님·· 과학이 발전할수록 종교의 초라한 모습이 드러납니다. 과학과 종교의 갈등은 정치적으로는 진보(과학)와 보수(종교)의 모습을 띠는 경우가 많습니다. 과학은 끊임없이 새로운 지식을 추구하는 데에 반해 종교는 낡은 교리에 집착하는 경향이 있기 때문이지요. 갈릴레이의 지동설 재판이나 다윈의 진화론 논란, 낙태에 대한 과학과 종교의 대립 등은 그런 양상을 잘 보여줍니다. 종교계는 정치적으로도 변화를 거부하는 보수적 색채를 띠는 경우가 많지요.

유물론의 토대: 물질은 실제로 존재한다

선생님·· 어쨌든, 갈수록 과학적 세계관(유물론)의 영향력이 커지면 관념론자들은 위기감을 느낍니다. 역사 속에서 관념론 철학자의 위기감을 극명하게 표출한 예로 영국의 조지 버클리 주교를 들 수 있을 것 같네요. 이 사람의 주장은 참 극단적이었어요.

학생·· 어떤 주장을 했기에 극단적이라고 하시나요? 궁금하네요.

선생님·· 버클리 주교는 사제이니만큼 신앙심이 깊었습니다. 유물론을 쓰러뜨리고 신의 존엄성을 지키겠다는 신념이 강했는데요. 버클리는 유물론의 가장 기초적인 토대를 가차 없이 공격합니다.
　유물론은 우리 외부에 물질이 객관적으로 존재한다는 믿음에 기초합니다. 식물학자가 나무를 연구할 때, 바로 앞에 나무라는 '실체'가 존재한다고 확신하겠지요? 여러분, 저기 창밖에 있는 나무 보이지요?

학생·· 네. 잘 보입니다.

선생님·· 과연 저기에 나무가 진짜로 존재하는 걸까요?

학생·· 저기 있으니까 보이는 것 아닌가요? 갑자기 무슨 말씀인가요. 선문답도 아니고.

선생님·· 우리는 오감(시각, 청각, 미각, 촉각, 후각)을 통해 나무에 대한 정보를 얻는데요. 대부분은 내 앞에 나무라는 '실체'가 명백히 존재하고, 그 '실체'가 내 감각기관에 자극을 주어 정보를 얻는다고 생각합니다. 감각 정보(관념)의 원인이 나무(물질)라는 뜻이니, 관념보다 물질이 우선이라는 점에서 유물론이지요.

하지만 버클리 주교는 이런 생각에 의문을 표합니다. 버클리는 감각 정보만으로는 창밖에 나무가 실제로 존재하는지 확신할 수 없다고 말합니다. 유물론의 가장 기본적 토대를 공격하는 것이지요. 가상현실 기술이 극도로 발전해 현실에서 느끼는 감각을 완벽하게 재현하는 상황을 가정합시다. 가상현실 기계가 제공하는 생생한 감각 정보 때문에, 아무것도 없는 공간에서도 우리는 나무가 실제로 존재한다고 착각할 수 있습니다.

학생·· 너무 억지스러운 가정 같은데요?

선생님·· 하하. 철학자들이 원래 의심이 많습니다. 궁극의 진리를 추구하는 사람들이다 보니 기본적으로 무엇이든 의심하고 봅니다. 게다가 버클리의 주장이 극단적이기는 해도 곱씹어볼 가치가 있는 이야기입니다. 감각기관을 통해 얻는 정보가 과연 정확할까요? 인간이 무언가를 본다는 행위를 자세히 살펴볼까요?

안구에 빛이 들어와 시각 세포를 자극합니다. 시각 세포는 빛을 감지하는 일종의 센서지요. 하지만 인간의 시각 세포가 모든 빛을 감지하지는 않습니다. 우리가 가시광선이라고 부르는 특정 주파수 대역의 빛만 감지하지요. 인간보다 훨씬 민감한 시각 세포를 보유한 동물이 있다면 인간이 보지 못하는 대역의 빛도 감지하겠지요. 그러면 그 동물과 인간이 보는 세상은 같을까요? 다를까요?

학생·· 다르겠네요. 우리는 볼 수 없는 자외선이나 적외선도 볼 테니까요.

선생님·· 눈이 더 민감한 동물과 비교하면, 인간이 보는 세상은 부정확하겠지요. 여기서 멈추지 말고 무엇을 본다는 행위의 의미를 더 파헤쳐봅시다. 빛을 감지한 시각 세포는 흥분해서 전기신호를 만듭니다. 전기신호는 시신경을 타고 시각을 담당하는 뇌의 영역(후두엽)에 전달됩니다. 사실 뇌는 실제 세상이 어떻게 생겼는지 전혀 몰라요. 그저 시신경을 통해 전기신호를 받는 거지요. '본다'는 행위는 입력된 전기신호를 두뇌가 '영상'의 형태로 해석하고 재현하는 겁니다. 두뇌가 전기신호를 토대로 만든 '영상'이 세상의 실제 모습인지는 솔직히 알 수 없는 겁니다.

다른 감각도 마찬가지예요. 소리를 듣는다는 건 공기의 진동이 고막을 흔들고, 고막의 흔들림으로 자극받은 청각 세포가 전기신호를 생성해 뇌로 전달한다는 말이지요. 뇌는 전달받은 전기신호를 우리가 느끼는 '소리'라는 형식으로 재현할 뿐입니다. 공기의 진동이 꼭 '소리'라는 형식으로 재현될 필연성이 있는 건 아닙니다. 예컨대 우리와 완전히 다른 감각기관을 가진 외계 생명체가 있다면 그들은 세상을 다른 방식으로 재현할 가능성이 있겠지요? 그들이 재현한 세상의 모습은 인간이 일상적으로 느끼는 그것과는 완전히 다를지도 모릅니다. 이렇게 따져 들어가면 감각기관을 통해 들어와 뇌에서 재현된 이미지를 실제 세상의 모습이라고 무턱대고 신뢰할 수는 없지요.

버클리는 불확실한 감각 정보만으로 어떻게 나무라는 '실체'가 내 외부에 (물질의 형태로) 존재한다고 확신할 수 있느냐고 말합니다. 요컨대 유물론자들의 가정, 즉 우리 외부에 객관적으로 물질이 존재한다는 믿음은 '부실 공사'라는 이야기지요.

학생·· 버클리의 주장은 이해했습니다. 하지만 그런 식으로 접근하면 도대체 믿을 수 있는 게 뭐가 있나요?

선생님·· 버클리의 주장은 이렇습니다. '내 밖에 객관적 실체로서 나무가 존재하는지 아닌지는 모르겠지만, 적어도 내가 나무를 연상시키는 감각(시각, 청각, 촉각, 후각, 미각)을 느끼고 있다는 사실은 부정할 수 없다.' 즉, 물질의 존재는 불확실하나 내가 느끼는 '관념'만은 명백히 존재한다는 이야기지요. 이것이 '주관적 관념론'입니다.

학생·· 그러면 혹시 '객관적 관념론'도 있나요? 주관적인 게 있으면 객관적인 것도 쌍으로 존재할 것 같은데요?

선생님·· 타이밍 좋게 잘 질문했습니다. 앞서 언급했던 플라톤의 '이데아'나 기독교의 '신'의 경우, 우리 외부에 정신적 실체가 '객관적'으로 존재한다고 주장하지요? 이데아나 신이 세상의 근원이며 본질이라고 주장하고요. 이것이 '객관적 관념론'입니다.

버클리의 주장을 '주관적 관념론'이라고 부르는 이유가 있습니다. 버클리에게는 의심할 수 없이 확실한 것이라고는 '주관적'으로 느끼는 관념밖에 없기 때문입니다. 버클리는 주관적 관념론을 통해 유물론의 토대인 물질의 존재를 지워버리는 거지요.

학생·· 유물론을 쳐부수고 관념론을 지키기 위해 그렇게까지 극단적인 주장을 하다니, 참 대단하다고 해야 할까요? 버클리 주교가 그렇게까지 물질의 존재를 불신한다면, 직접 빌딩 옥상에 올라가서 아래로 몸을 던져보라고 권하고 싶네요. 어차피 높은 빌딩이나 딱딱한 지면에 대한 감각 정보도 불확실한 것이니, 그런 것 따위는 없다고 '주관적'으로 확신하면 지면에 대한 감각이 사라져서 안 죽을 수도 있는 것 아닌가요?

선생님‥ 학생은 진정한 독설가군요. 마르크스도 엄청난 독설가였는데, 학생도 만만치 않네요.

학생‥ 버클리의 주장이 헛소리인 것이, 창밖의 나무는 이 교실에 있는 누구에게나 동일하게 보이잖아요. 나무가 창밖에 실제로 존재하지 않는다면 어떻게 다들 같은 시각에 똑같은 나무를 볼 수가 있지요? 우연히 모두에게 똑같은 '주관적 관념'이 떠오르나요?

선생님‥ 사실 버클리 주교는 자신의 주장이 그러한 모순에 빠진다는 사실을 알고 있었습니다. 게다가 주관적 관념만이 확실하고 나머지는 허상이라면, 신의 존재조차도 부정할 수 있지요. 빤히 보이는 물체의 존재도 의심하는데 보이지도 않는 신을 어떻게 믿을 수 있겠어요? 기독교의 토대가 무너질 수 있는 이야기지요. 벼룩 잡으려다 초가삼간 태우는 격입니다.

　버클리는 이 난관을 해결하기 위해 다시 신을 끌어들입니다. 창밖에 나무가 있는지는 불확실하지만, 교실 안의 누구나 똑같이 창밖의 나무를 볼 수 있으니 이것이야말로 신의 섭리라는 얘깁니다. 물질의 존재를 부정해서 생긴 어려움을 신을 끌어들여 수습하는 거지요. 철학하기 쉽지요? 필요할 때마다 전지전능한 신을 활용하니 말예요.

버클리 주교는 종교인답게 신을 동원해서 상황을 수습(?)했지만, 솔직히 말해 주관적 관념론을 끝까지 관철하면 결국 '불가지론'에 빠질 수밖에 없습니다. 자기가 느끼는 관념 외에는 모든 것이 불확실하니까요. 저 창밖에 진짜 나무가 있는지도 의심하는데 도대체 믿을 수 있는 것이 없지요.

어쨌든 여기에서 '철학의 근본문제'와 관련된 또 하나의 중요한 문제가 제기됩니다. '인간이 물질세계를 제대로 인식할 수 있는가'라는 문제입니다. 유물론자는 인간 외부에 물질이 객관적으로 존재하며, 인간은 감각 정보를 통해 그 물질을 인식할 수 있다고 봅니다. 관념론자는 인간이 얻는 불완전한 감각 정보로는 자신의 외부에 대한 올바른 인식에 도달할 수 없다고 봅니다. 이 부분은 추후 자세히 다룰 것이니(6강), 지금은 이런 문제의식이 있다는 정도만 기억하면 좋겠네요.

정리하면 '철학의 근본문제'는 물질과 의식의 관계에 대한 것입니다. 다음과 같은 두 가지 측면이 있지요.

물질과 의식 중에 어느 것이 세상의 근원인가?

인간이 물질세계를 제대로 인식할 수 있는가?

학생‥ 이제 유물론과 관념론이 머릿속에서 어느 정도 정리되네요. 어릴 때부터 교회 다녔는데, 이 강의 때문에 좀 혼란스럽습니다.

선생님‥ 아이고. 이래서 종교 이야기는 항상 조심스럽습니다. 저는 개신교와 가톨릭교회에서 모두 세례를 받았습니다. 세례명이 안드레아입니다. 제 강의가 여러분의 종교 생활에 불편을 주지 않기를 바랍니다. 제 강의는 마르크스 철학을 기초적으로 이해하는 것에 초점을 맞춰 간략하게 도식적으로 정리한 내용이니, 흥미와 호기심이 생겼다면 적당한 철학사 책을 구해서 더 읽어보길 권합니다.

자, 다음 시간에는 형이상학과 변증법을 다루겠습니다.

생각해봅시다

◦ 유물론과 관념론의 차이를 이야기해봅시다.

◦ 언어활동이 관념론의 원인이 되는 이유를 이야기해봅시다.

◦ '주관적 관념론'과 '객관적 관념론'의 차이는 무엇인가요?

◦ 철학의 근본문제에 대해 이야기해봅시다.

◦ 유물론이 진보적 성향이 강하고,

관념론이 보수적 성향이 강한 이유를 이야기해봅시다.

◦ 종교와 과학이 충돌한 사례를 이야기해봅시다.

세계가
끊임없이
변화하는 이유
변증법 VS 형이상학

강의 주제

/

- 세계의 변화에 대한 두 가지 상반된 인식
- 형이상학과 변증법
- '모순'과 '대립'의 뜻과 존재 방식

선생님·· 이번 시간에는 변증법과 형이상학을 이야기합니다. 변증법과 형이상학. 용어가 어렵지요?

학생·· 네. 그나마 지난 강의에서 배운 '유물론'이나 '관념론'은 단어에서 그 의미를 어렴풋이 유추할 수 있었는데, 변증법이나 형이상학은 도대체 감도 못 잡겠어요.

선생님·· 더 당황스러운 사실을 알려줄까요? 변증법, 형이상학은 다의어多義語입니다. 시대에 따라 또는 사용되는 맥락에 따라 뜻이 달라지지요. 철학 용어 사전을 찾아보면 직접 확인할 수 있습니다.

학생·· 설마 사전에 나오는 개념들을 다 배우나요? 그러면 곤란한데요.

선생님·· 걱정하지 마세요. 이 강의의 목적은 마르크스 철학을 기초적으로 공부하는 겁니다. 우리는 변증법과 형이상학을 마르크스 철학을 이해하는 데에 필요한 만큼만 배웁니다.

학생·· 그렇다면 다행이네요. 그래도 우려되는 부분이 있어요. 변증법과 형이상학에 다양한 뜻이 있다면, 그중에 일부만 다뤄서는 제대로 배울 수 없는 것은 아닐까 싶기도 하네요.

선생님·· 걱정할 필요 없습니다. 아프리카에 사는 갈기가 있는 거대한 고양이 과 동물을 '사자'라고 부르든 LION이라고 부르든 무슨 상관이겠습니까. 사자, LION이라는 단어가 전하는 의미를 이해하는 것이 중요하지요. 변증법, 형이상학이라는 단어 자체에 매몰되지 말고, 마르크스 철학에서 그 단어가 담고 있는 의미에만 집중하면 됩니다. 기표가 아니라 기의!

자, 본격적인 이야기로 들어가보지요. 앞 강의에서 유물론과 관념론을 다루면서 철학의 근본문제를 언급했습니다. 두 가지 질문 기억나시지요? 다시 한번 복습해볼까요?

물질과 의식 중에 어느 것이 세상의 근원인가?
인간이 물질세계를 제대로 인식할 수 있는가?

두 질문에 유물론과 관념론을 가르는 핵심적 요소가 들어있지요. 어떤 학문이든 핵심적인 질문을 잘 설정하는 것이 중요합니다. 형이상학과 변증법을 가르는 질문을 정리하면 다음과 같습니다.

세상은 어떻게 돌아갈까?

학생·· 질문이 너무 추상적인데요? 질문만 들어서는 잘 모르겠어요.

선생님·· 후후. 성격이 급한 학생이군요. 학생을 위해 미리 답부터 이야기해주자면, 변증법은 세상이 끊임없이 변화 발전하는 과정에 있다고 봅니다. 반면에 형이상학은 세상이 고정불변하며 단지 정해진 트랙을 반복한다고 보지요.

고정-불변 형이상학, 변화-발전 변증법

선생님·· 우선 형이상학부터 이야기해 볼까요? 알다시피 지구와 달은 끊임없이 자전과 공전을 하며 정해진 궤도를 반복합니다. 그 과정에서 하루(지구의 자전), 한 달(달의 공전), 일 년(지구의 공전) 같은 주기가 나타납니다. 지구상 모든 생명체는 천체의 자전 및 공전 주기에 지대한 영향을 받습니다. 지구의 자전 주기에 맞춰 동물은 잠을 잡니다. 달의 공전이 여성의 생리 주기에 영향을 끼칩니다. 지구의 공전 주기에 따라 꽃이 피고 지며 기온이 오르내립니다. 생명체는 탄생, 성장, 번식, 죽음이라는 생애 주기를 반복하고요. 태양은 매일 동쪽에서 떠서 서쪽으로 지고, 논밭의 작물은 정해진 시기마다 알곡을 내어놓습니다. 인간이 대대손손 이런 주기적 환경에 노출되어 살아가면 어떤 생각이 들까요? 세상만사란 애당초 고정된 트랙 위에서 끊임없이 같은 일을 반복하는 것이라는 생각이 들지 않을까요?

'세상만사가 고정된 트랙 위에서 같은 일을 반복한다'는 사고방식은 사회를 바라보는 시선에도 영향을 미칩니다. 예를 들어, 조선 시대에는 양반과 상놈이 있고, 사농공상土農工商이라고 하여 직업에도 귀천이 있었습니다. 양반의 자식은 양반이고 상놈의 자식은 상놈이었지요. 당시에는 신분과 직업에 따라 사람을 나누고 차별했습니다. 당대의 사람 대부분은 이를 당연하고 자연스러운 것으로 받아들였지요. 해와 달은 언제나 정해진 궤도를 돌고 꽃은 계절마다 피고 지듯이, 누군가는 대대손손 양반으로서 특권을 누리고 여타 사람들은 양반의 지배를 받으며 죽도록 일만 하는 게 '고정된 트랙'이라고 생각한 것이지요.

이런 사고방식이 바로 형이상학적 세계관입니다. 세상은 고정불변의 틀을 끊임없이 반복한다는 사고방식이지요. 예컨대 이분법적 사고도 형이상학적인 것입니다. 선과 악, 미와 추, 착함과 나쁨, 좋음과 싫음. 이런 식으로 뭔가를 둘로 쪼개어 설명하는 방식 말이지요. 고정불변의 틀(이분법)에 세상을 끼워 맞춰 바라보고 해석합니다.

　물론 형이상학적 세계관은 세상의 일면을 이해하고 해석하는데에 어느 정도 도움이 되지만, 특정 상황에서는 한계에 봉착합니다. 어떤 상황일까요?

학생⋯　고정된 틀에 변화가 일어나는 상황은 설명이 어렵겠네요. 양반과 상놈으로 나뉜 신분제의 틀로 세상을 보다가 신분제가 철폐된 공화주의 시대에 들어서면 기존의 틀로는 세상을 설명할 수 없잖아요. 이분법적 사고 또한 한계가 있지요. 예전엔 착했던 사람이 갑자기 나쁜 사람이 되기도 하고, 생각해보면 누구에게나 착한 요소와 나쁜 요소가 공존하는 것이고요. 착하지도 나쁘지도 않은 중간 지대에 속하는 사람도 있을 테고요.

선생님⋯　그렇지요. 세상을 고정된 틀로만 해석하다가 막상 변화가 일어나거나 기존의 틀로는 해석이 어려운 상황이 벌어지면, 자신의 인식 틀과 현실 세계의 괴리를 경험하게 됩니다.

　그렇다면 형이상학과 대립하는 변증법적 세계관이란 무엇일까요? 변증법적 세계관은 삼라만상을 변화하고 발전하는 과정으로 파악합니다. 인간의 기대수명은 100년을 넘지 못하기 때문에 한평생 접할 수 있는 정보는 제한적입니다. 만약 16세기에 조선에서 태어났다면 평생 신분제 사회만 경험했겠지요. 눈을 들어 하늘을 보면 해는 어김없이 동쪽에서 떠서 서쪽으로 지고, 하늘의 별자리도 주기적으로 같은 경로를 따라 움직이지요. 꽃은 계절에 따라 어김없이 피고 지고요. 그러다 보면 형이상학적으로 세상을 보기 쉽지요.

하지만 인간은 문자 언어를 고안해서 기대수명보다 훨씬 긴 세월 동안 축적된 지식을 전승할 수 있습니다. 예컨대 사마천의 《사기》 같은 고전을 읽으면 당시 사회상과 사람들의 의식이 지금의 우리와 차이가 크다는 것을 절감합니다. 문자로 전해진 역사 지식을 통해 인간 사회의 변화를 깨닫는 것이지요.

오랜 세월 축적된 과학 지식을 통해 우주와 생명체 역시 끊임없는 변화 과정에 있음을 통찰합니다. 태초부터 같은 궤도를 맴돌았을 것만 같은 별자리들. 하지만 그 유구한 우주조차 탄생(빅뱅)의 순간이 있었으며 137억 년이라는 시간에 걸쳐 꾸준히 변화했음을 지금은 알고 있지요. 생명체 역시 일정한 시간 동안 진화 과정을 통해 끊임없이 변화해왔습니다. 인류는 과학의 발전을 통해 우주와 생명 진화의 메커니즘을 조금씩 이해해나가고 있습니다.

변증법은 이런 식으로 세상이 끊임없는 '변화-발전' 과정에 있다고 보는 세계관이지요. 형이상학과 변증법이 상호 대립하는 세계관이라는 것이 이해되지요?

헤겔 가라사대, ‘변화와 발전의 원인은 모순이다’

학생·· 그런데 솔직히 말해서 세상이 변화 발전한다는 것 정도는 누구나 알고 있지 않나요? 굳이 ‘변증법’이라는 거창한 단어까지 붙여서 이해해야 할 필요성이 있을까요? 그저 ‘세상은 변화 발전한다’고 말하면 충분할 것 같은데요.

선생님·· 설마 그 정도로 ‘변증법’이라는 거창한 이름을 붙여서 부르겠습니까. 이미 아는 학생도 있겠지만, 변증법 철학은 독일의 철학자 헤겔Georg Hegel, 1770~1831의 학문적 성과입니다. 여러분이 많이 들어보았을 ‘정-반-합’이 바로 헤겔의 변증법 철학입니다.

　마침 학생이 이야기를 꺼냈으니 바로 본론으로 들어가지요. 변증법 철학의 핵심은 세상만사 삼라만상이 끊임없이 변화 발전하는 ‘원인’을 밝힌 데에 있습니다. 그 원인은 바로 ‘모순矛盾’입니다.

학생·· 모순이요? 모순이라면 중국 고전 《한비자韓非子》에 나오는 창과 방패 이야기 아닌가요? 어떤 방패도 뚫을 수 있는 창과 어떤 창도 막아낼 수 있는 방패 이야기요. 앞뒤가 안 맞는 상황을 모순이라고 부르는데, 그 모순이 변화 발전의 원인이라니 어리둥절하네요.

선생님·· 그 어리둥절함을 충분히 이해합니다. 모순이라는 단어를 들으면 누구나 부정적인 느낌을 받기 쉽지요. 그런데 모순이 변화 발전의 원인이라니 의아할 수밖에요. 이해를 돕기 위해 구체적인 예를 들어 설명해 보지요. 어차피 나중에 역사 유물론까지 공부할 예정이니, 기왕이면 역사적 사건을 예로 드는 것이 좋겠네요. 아무래도 사회가 극적으로 변화하는 시기가 혁명기이니, 근대 부르주아혁명의 사례를 살펴보지요.

알다시피 서양 중세는 토지를 소유한 귀족이 지배계급인 봉건사회였습니다. 그런데 상업과 기술이 발전하면서 상공업을 통해 부를 축적한 신흥계급이 등장했는데요, 바로 부르주아지(자본가계급)였습니다. 봉건귀족 계급과 신흥 자본가계급은 사이가 안 좋았어요. 자본가가 공장을 지으려면 토지가 필요하고 노동자를 고용하려면 사람이 필요한데, 토지는 봉건귀족들에게 묶여있고 일할 사람은 봉건귀족의 영지에 농노로 묶여 있었던 거예요. 국가의 중요한 정책도 봉건 지배층인 왕과 귀족을 중심으로 결정되고요. 자본가계급 입장에서는 기존의 봉건적 질서가 자신들의 이익 추구에 걸림돌인 상황이었습니다. 반대로 봉건귀족은 자신들의 지배력에 도전하는 신흥 자본가계급에 위협을 느꼈고요. 이런 갈등과 모순이 폭발한 사건이 바로 부르주아혁명입니다. 알다시피 격렬한 투쟁 과정에서 자본가계급이 봉건귀족에게 승리하면서, 봉건사회는 막을 내리고 자본주의사회가 등장했습니다.

자! 이 거대한 역사적 변화 발전의 '원인'은 무엇일까요? 바로 봉건 지주계급과 신흥 자본가계급 사이의 '모순'이었습니다. 만약 두 계급의 사이가 원만해서 아무런 갈등과 모순이 없었다면, 지금까지 큰 변화 없이 옛 사회의 모습이 유지되었을 겁니다.

학생‥　생각해보니 정말 그렇네요. 사회 내부에 갈등과 모순이 없다면 사람들이 세상을 바꿔야 할 필요성을 느끼지 않을 테고, 사회는 기존의 상태를 유지하겠지요. 변화 발전의 원인이 '모순'이라는 아이디어는 무척 신선합니다. 언뜻 생각해보니 사회현상뿐만 아니라 자연현상도 마찬가지 같아요. 물이 흐를 때도 아무런 장애물이 없으면 그 흐름이 바뀌지 않잖아요. 장애물과의 충돌(모순과 갈등)이 있어야 흐름이 '변화'하지요.

선생님‥　앞서 이야기했다시피 봉건귀족과 신흥 자본가의 이익은 서로 충돌합니다. 귀족들의 봉건적 지배가 계속되면 자본가는 이익을 추구하기 어렵고, 반대로 자본가의 힘이 세지면 봉건귀족들의 입지가 약해지는 상황이었지요. 한쪽의 행복이 다른 쪽의 불행이지요. 말 그대로 '모순' 관계입니다. 이 모순에 사회 '변화'의 가능성이 담겨 있고요.

사회현상뿐만 아니라 자연현상도 변증법으로 설명할 수 있습니다. 우주에서 별이 탄생하고 소멸하는 변화 과정을 살펴봅시다. 물체 사이에 작용하는 힘은 인력(서로 당기는 힘)과 척력(서로 밀어내는 힘)으로 나눌 수 있습니다. 인력과 척력은 작용하는 방향이 정반대인 모순 관계입니다. 인력이 강하면 물질이 응집하고, 척력이 강하면 흩어집니다. 우주 공간에 떠도는 물질 사이에 작용하는 인력과 척력 중에 인력이 강하면 물질들이 뭉쳐서 별이 되지요. 인력이 척력을 압도하는 한 별의 형태를 유지합니다. 그런데 시간이 흐르고 특정한 조건이 형성되어 별 내부 물질 사이에 작용하는 인력보다 척력이 강해지면 별이 팽창하다가 어느 순간 폭발해 소멸합니다. 별의 탄생에서 소멸까지의 변화상은 인력과 척력이라는 모순된 힘의 상호작용이 그 원인이지요.

학생·· 지금까지 저는 '모순'이라는 단어를 부정적으로만 생각했어요. 그런데 모순이 변화 발전의 '원인'이라니 뭔가 뒤통수를 맞은 느낌이네요. 헤겔이라는 철학자가 이런 생각을 했다고요? 직관력과 통찰력이 놀랍네요.

대립물의 통일: 모순은 내부에 있다

선생님·· 원래 변증법dialectics은 그리스어 dialektikē에서 유래한 것으로 대화술·문답법이라는 뜻입니다. 한마디로 말싸움하는 방법이었어요. 소크라테스나 소피스트가 당대의 유명한 말싸움꾼이었지요. 말싸움에서 이기려면 상대방의 말에서 모순을 찾아내야 하잖아요. 그러려면 논리 정연한 사고가 필요하겠지요? 그런 이유로 변증법은 점차 정교해져서 형식 논리학으로 발전했습니다. 형식 논리학이란 명제의 참과 거짓을 구분하는 거예요. 삼단논법이 유명하지요.

모든 사람은 죽는다(대전제).
나는 사람이다(소전제).
그러므로 나도 죽는다(결론).

이런 형식의 추론 많이 봤지요? 이게 삼단논법입니다. 대전제와 소전제가 참이면 결론 역시 참이 되지요. 말싸움을 잘하는 방법에서 시작해 발전한 형식 논리학은 어떤 명제의 참과 거짓을 가르는 데에 매우 유용한 도구입니다. 아무리 복잡하고 난해한 장문의 글도 형식 논리학으로 치밀하고 정교하게 논리 구조를 분석할 수 있습니다.

그런데 이렇게 형식 논리학의 틀로만 모든 것을 분석하기에는 세상이 그렇게 단순하지 않습니다. 예전에는 '명왕성은 태양계의 행성이다'가 참이었습니다. 하지만 지금은 명왕성이 태양계에서 퇴출되었으니 거짓이지요. '철수는 다섯 살이다'가 올해는 참이지만, 시간이 흘러 내년이 되면 거짓이 됩니다. 옛날에는 성격이 나빴던 사람이 지금은 개과천선해서 착한 사람일 수도 있지요. '이것은 해바라기 씨앗이다'가 당장은 참이지만, 싹이 트고 식물이 되면 '이것은 해바라기 씨앗이 아니다'가 참이 됩니다.

학생·· 아! 형식 논리학은 형이상학적이네요. 세상은 끊임없이 변화하는 과정에 있는데, 형식 논리학은 당장 이 순간의 옳고 그름만을 논하는 성격이 강하니 생생하게 변화하는 과정을 설명하는 데에는 한계가 있겠네요.

선생님·· 맞습니다. 형식 논리학의 관점에서는 '이것은 해바라기 씨앗이다'가 참이라면 '이것은 해바라기 씨앗이 아니다'는 거짓일 수밖에 없습니다. 만약 누군가가 '이것은 해바라기 씨앗이면서 동시에 해바라기 씨앗이 아니다'라고 한다면, 형식 논리학의 입장에서는 '모순'된 이야기입니다. 형식 논리학에서는 어떤 명제에 '모순'이 있다면, 그건 틀린 거지요. 나쁜 사람은 언제나 나쁜 사람이고 착한 사람은 언제나 착한 사람이 되는 겁니다. 이분법이지요.

그런데 현실은 어떤가요? 오히려 여기저기에 모순이 가득하지 않나요? 누구는 착하고 누구는 나쁘다보다는, 한 인간의 내면에는 착함과 악함의 모순된 두 요소가 공존하고 있는 게 오히려 현실에 가깝습니다. 해바라기 씨앗 역시 씨앗 형태를 유지하려는 힘과 씨앗 형태를 버리고 싹을 틔우려는 힘이 씨앗 내부에 공존하고 있습니다. 오히려 '이것은 해바라기 씨앗이면서 동시에 해바라기 씨앗이 아니다'라는 명제가 형식 논리학이 놓치는 진실의 일면을 보여주는 것이지요. 그리고 이렇게 모순된 요소가 공존하기 때문에 변화의 가능성이 생깁니다.

논리학은 진리를 검증하는 사유 방법인데, 헤겔이 보기에 기존의 형식 논리학은 '변화'하는 세상을 제대로 해석할 수 없는 한계가 있었습니다. 헤겔은 그동안 형식 논리학이 '모순'을 단지 부정적인 것으로만 취급하면서, 모순 안에 존재하는 역동성과 변화 가능성을 놓쳤다고 보았습니다. 오히려 세상은 모순으로 가득 차 있으며, 모순이야말로 변화 발전의 원인이라고 본 것이지요. 그런 이유로 헤겔은 기존의 형식 논리학의 한계를 뛰어넘는 변증법적 논리학을 제시했습니다. 그 핵심은 바로 '모순에 의한 변화 발전'이고요.

학생·· 역시 뭔가 큰 성과를 남기려면 기존의 고정관념을 뒤집어야 하는군요. 헤겔이 모순에서 그런 가능성을 찾아냈다는 점이 무척 인상적입니다. 천덕꾸러기였던 모순이 철학의 구세주가 되어 돌아왔네요. 저도 헤겔 같은 업적을 남기기 위해 기존의 학문 체계를 근본적으로 거부해볼까 싶습니다.

선생님‥ 뉴턴, 아인슈타인, 헤겔 같은 위대한 학자들이 기존의 고정관념을 전복하며 새로운 이론 체계를 세울 수 있었던 것은, 역설적으로 기존의 학문 체계(고정관념)에 정통했기 때문입니다. 알아야 극복할 수 있겠지요? 아무것도 모르면 뭘 극복해야 하는지도 모르니까요.

학생‥ 어이쿠. 괜한 말 했다가 본전도 못 건졌네요.

선생님‥ 하하. 그렇다고 주눅 들지 마세요. 수업 내용을 제대로 이해하니까 그런 이야기도 할 수 있지요. 다시 본론으로 돌아가서, 변증법의 '모순'을 다룰 때 놓치지 말아야 할 것이 바로 '대립물의 통일'입니다. 모순된 요소가 사물이나 현상의 내부에 공존하고 있다는 이야기지요. 해바라기 씨앗 안에 형태를 유지하려는 요소와 형태를 버리고 싹을 틔우려는 요소가 공존합니다. 인간의 내면에는 착함과 악함의 모순된 두 요소가 공존하고요. 앞서 변증법을 설명하면서 부르주아혁명의 예를 들었는데, 만약 봉건 지주와 자본가가 서로 다른 별에서 산다면 갈등과 모순이 없었겠지요. 동일한 시공간에서 공존하기 때문에 모순 관계를 형성하며 서로 영향

씨앗 안에는 형태를 유지하려는 요소와 형태를 버리고 싹을 틔우려는 그와 대립적
인 요소가 공존하며 투쟁을 벌인다.

을 주고받습니다. 사물이나 현상의 내부에 한 가지 요소만 존재한다면 역동적인 운동과 변화 발전이 일어나지 않습니다. 인간의 심리도 선과 악을 비롯하여 여러 가지 대립 요소의 충돌 가능성이 공존하며 이 둘의 모순 관계를 통해 끊임없이 변화합니다.

학생·· 모순되는 요소가 동일한 시공간에 존재하면서 서로 영향을 주고받아야 변화가 가능하군요. 이제 형이상학과 변증법이 어떤 차이가 있는지 명확히 알 것 같아요.

형이상학의 '고립'과 변증법의 '상호 연결'

선생님·· 형이상학과 변증법은 또 다른 차이점이 있습니다. 형이상학은 사물이나 현상을 다른 것과의 상호 연관 속에서 파악하지 않고, 고립된 상태로 파악합니다. 형이상학의 이러한 특징은 학문의 전문화에서 잘 드러납니다. 알다시피 과학이 발달하면서 연구 분야가 전문화·세분화됐습니다. 물리학, 화학, 지질학, 생물학 등의 여러 학문 분야로 나뉘고, 그 안에서도 세분화된 전공으로 쪼개집니다. 이런 풍토에서 공부하고 연구하다 보면 전공이라는 협소한 틀로 현상을 해석하고 이해합니다.

　예컨대 뇌 과학자는 우울증의 원인을 두뇌에서 특정 물질이 부족하기 때문으로 이해합니다. 사회학자는 삭막한 현대사회의 개인주의적 분위기에서 우울증의 원인을 찾습니다. 반면 심리학자는 한 개인의 특별한 어린 시절 경험으로 거슬러 올라갈 수 있겠지요. 원인 분석이 다르니 대처 방법도 달라집니다. 뇌 과학자는 특정 물질을 보충하는 약물을 처방합니다. 사회학자는 국가의 시스템을 바꿔야 한다고 생각할 테고요. 심리학자는 어린 시절의 트라우마를 치료하는 조치를 말합니다. 하지만 현실은 어떤가요? 다양한 요소들이 복합적으로 작용하지요.

물론 학문의 전문화와 세분화는 지식의 양이 비약적으로 증가하며 발생하는 불가피한 현상입니다. 그러나 나비의 날갯짓 하나도 태평양에서 허리케인을 몰고 올 수 있다는 이론이 나올 정도로 세상만사는 긴밀하게 연결되어 있습니다. 만약 나의 선조가 임진왜란에서 하필이면 왼쪽으로 뛰다가 화살에 맞아 전사했다면 나는 이 세상에 존재하지 않았을 테지요. 동남아시아의 한 공장에서 노동자가 고용되어 신발을 만들었기 때문에 대한민국에서 내가 신발을 신고 외출을 할 수 있습니다. 모든 사물과 현상은 서로 연관되어 있습니다. 연관되지 않는 사물이 있다면 그것은 존재하지 않는 것입니다. 저 멀리 안드로메다 성운의 한 귀퉁이에 존재하는 작은 행성도 미약하게나마 지구에 중력을 미치고 있으니까요. 변증법은 사물과 현상을 이러한 연관 속에서 파악합니다. 형이상학과 큰 차이가 있지요.

학생·· 최근 '통섭'이라며 학문의 경계를 넘나드는 시도가 많던데, 이런 시도도 일종의 변증법적 세계관을 반영하는 것이겠군요.

선생님·· 그럴 수 있지요. 앞으로 그런 흐름은 더욱 활발해질 것으로 생각합니다. 이번 시간에는 변증법과 형이상학을 공부했습니다. 변증법은 사물과 현상을 상호 연관 속에서, 또한 변화 발전하는 과정으로 파악합니다. 반면 형이상학은 사물과 현상을 고립된 형태로, 고정불변의 틀로 파악하지요.

'세상은 어떻게 돌아갈까?'

변증법과 형이상학이 이 질문에 대한 나름의 답변이라는 점을 잊지 않기 바랍니다. 물론 변증법과 형이상학을 이 짧은 강의로 자세히 다루는 것은 불가능합니다. 여러 번 강조했듯이, 이 강의의 목적은 '변증법적 유물론'과 '역사 유물론'을 이해하는 것입니다. 오늘 변증법과 형이상학에 대해 다룬 내용도 딱 그만큼임을 잊지 마세요.

그리스어 '대화술'로부터 유래한 변증법은 '형식 논리학'으로 발전했지만, 대립물의 '모순' 속에 담긴 역동성과 변화 가능성을 간과함으로써 한계에 봉착했다. 헤겔은 모순에 의한 변화와 발전에 주목하고 세계를 상호 연관 속에서 파악함으로써 변증법의 새로운 지평을 열었다.

베네치아 두칼레궁 천장화 〈아라크네 또는 변증법〉 일부. 파올로 베로네세는 이 그림에서 거미줄로 (헤겔 이전의) 변증법을 표현했다.

생각해봅시다

◦ 형이상학과 변증법의 차이를 이야기해봅시다.

◦ 형이상학적 세계관의 구체적인 예를 이야기해봅시다.

◦ 모순이 변화 발전의 원인이 된다는 말의 의미를 생각해봅시다.

◦ 모순이 변화 발전의 원인이 되는 다양한 예들을 이야기해봅시다.

◦ 대립물의 통일에 대해 이야기해봅시다.

얼음이
녹는 순간,
결론이
바뀌는 순간
변증법의
기본 법칙

강의 주제

/

○ '법칙'의 의미

○ 변증법의 3대 기본 법칙

○ 양적 변화와 질적 변화

○ 변증법적 부정의 의미

○ 나선형 모양의 발전 양상

선생님‥ 이번 시간에는 변증법에 대해서 더 자세히 알아봅시다. '변증법의 기본 법칙'에 대해서 공부하겠습니다.

학생‥ 법칙이요? 철학에서 법칙을 이야기하니까 좀 생소하네요. 저는 전공이 전자공학이다 보니 이런저런 법칙을 많이 접하는데요. 자연과학에 등장하는 중력의 법칙이나 열역학 법칙 같은 것들은 숫자로 딱 떨어지게 계산할 수 있고, 결과를 통해 물체의 낙하 속도나 기체의 온도 등을 알아낼 수 있습니다. 철학은 숫자로 딱 떨어지는 자연과학과 달라 '법칙'과는 어울리지 않는 것 같습니다.

관찰과 실험을 통해 찾아내는 '법칙'

선생님·· 충분히 이해합니다. 이공계 공부를 하다 보니 더 그렇게 생각할 만하지요. 말이 나왔으니 뉴턴의 보편중력의 법칙(만유인력의 법칙) 수식을 봅시다. 워낙 유명한 법칙이라서 누구나 한번은 봤을 거예요.

$$F = G \, \frac{m_1 m_2}{R^2}$$

학생·· 헉! 선생님, 왜 이러세요? 철학 강의에서 수식이 나오면 정말 곤란해요. 저는 고등학교 때부터 수학, 물리는 포기했단 말이에요.

선생님·· 하하하. 걱정하지 마세요. 수식을 자세히 공부할 생각은 전혀 없습니다. 단지 '법칙'이라는 단어의 의미를 다뤄보려는 거예요.

자, F는 힘Force을 뜻합니다. m_1, m_2는 두 물체의 질량이고요. 분모에 있는 R^2은 두 물체 간 거리의 제곱이지요. 그러니까, 두 물체 사이에 작용하는 중력 F의 크기는 두 물체의 질량의 곱($m_1 \times m_2$)에 비례하고, 거리의 제곱(R^2)에는 반비례한다는 이야기지요. G는 비례상수고요.

학생·· 흠. 뭐 그 정도는 수학과 물리를 포기한 저도 대충 이해합니다. 그러니까 물체의 질량이 클수록 중력이 커지고, 물체 사이의 거리가 멀어지면 중력이 작아지겠네요.

선생님·· 맞습니다. 그런데 이런 과학 법칙을 접할 때 조심해야 할 부분이 있습니다. 학교에서 이런 수식을 배우고 문제를 푸는 과정을 반복하다 보면, 마치 법칙이 먼저 존재하고 세상이 이 법칙에 맞춰 돌아간다는 느낌을 받게 됩니다. 과학 법칙은 관찰과 실험을 통해 자연계에 존재하는 특정한 규칙성과 통일성을 찾아낸 것인데, 그것이 수식으로 정리되자 거꾸로 세상을 규제하는 '신의 섭리'처럼 느껴지는 것이지요. 다시 말해 수식(법칙)이라는 관념이 물질세계를 규정한다고 생각하면, 그것은 앞서 비판적으로 고찰했던 '관념론'의 아류가 되는 겁니다. 물론 복잡한 물체의 움직임이 간단한 수식으로 정리되는 과정을 접하면 충분히 신비하고 놀라운 기분이 든다는 걸 이해합니다. 하지만 그러한 '법칙성'이야말로 물질의 속성 그 자체에서 발현되는 것이지요.

학생·· 무슨 말씀인지 알겠어요. 법칙 자체를 신비화해서 볼 필요는 없다는 거지요? 정신적 존재인 신이 법칙을 설계한 것이 아니라 물질 자체에 그런 속성이 있을 뿐이라는 이야기로 이해했습니다. 어쨌든 과학 법칙의 특성이 변증법의 기본 법칙과 무슨 연관이 있나요?

선생님·· 변증법의 기본 법칙도 중력의 법칙과 본질에서 크게 다르지 않습니다. 변증법의 법칙도 중력의 법칙처럼 인간이 세상을 관찰하면서 발견한 일종의 '법칙성'이지요. 뉴턴이 자연을 관찰하며 중력의 법칙을 찾아낸 것처럼, 헤겔은 삼라만상을 관찰하면서 변증법의 법칙을 찾아낸 것이지요.

학생·· 알쏭달쏭하네요. 변증법의 기본 법칙이 뭔지 들어봐야 좀 감이 잡힐 것 같네요….

선생님·· 백문불여일견百聞不如一見이라 했으니, 바로 본론으로 들어가지요. 변증법의 기본 법칙으로는 크게 세 가지가 있습니다.

(1) 대립물의 통일과 투쟁의 법칙
(2) 양적 변화의 질적 변화로의 이행의 법칙
(3) '부정의 부정'의 법칙

학생·· 태어나서 처음 듣는 내용입니다.

선생님·· 하하. 모든 지식은 처음 접할 때 다 그렇습니다. 너무 부담

가지지 마세요. 앞서 공부했다시피 변증법은 세상이 끊임없이 변화 발전하고 있으며, 그 원동력을 모순이라고 봅니다. 방금 소개한 변증법의 세 가지 법칙은 모순에 의해 변화 발전이 일어나는 구체적인 양상을 설명하고 있어요. 물체의 질량과 거리를 통해 중력의 구체적인 크기를 계산할 수 있듯이 말이지요.

학생·· '대립물의 통일과 투쟁의 법칙'은 좀 익숙한데요? 대립물의 통일은 이전 강의 시간에 다뤘잖아요.

선생님·· 열심히 공부했군요. 모순 관계를 이루는 두 요소가 사물이나 현상 내부에 함께 존재하며 상호작용한다는 의미지요. 앞서 다뤘으니 길게 설명하지 않겠습니다. '대립물의 투쟁' 역시 용어만 언급하지 않았을 뿐 이미 다뤘지요. 모순 관계를 이루는 두 요소가 서로 갈등하고 투쟁한다는 의미입니다. 사실 당연한 이야기지요. 서로 갈등과 투쟁이 없다면 '모순'이 아니니까요.

학생·· '대립물의 통일과 투쟁의 법칙'은 어렵지 않네요.

얼음이 녹는 순간, 결론이 바뀌는 순간

————

선생님·· 다행이네요. 다음으로 '양적 변화의 질적 변화로의 이행의 법칙'에 대해 이야기하겠습니다. 양적 변화, 질적 변화, 이행 같은 용어들이 뭔가 싶을 텐데요. 쉽게 이해할 수 있는 좋은 예가 있습니다.

얼음 한 덩어리가 있습니다. 섭씨 영하 50도로 얼렸는데요. 이 얼음을 가열하면 어떻게 될까요? 우선 얼음 온도가 상승하겠지요. 얼음 온도가 상승한다는 이야기는, 얼음을 구성하는 물 분자가 더 많은 에너지를 품게 된다는 의미입니다. 외부에서 열이 전달되어 물 분자가 품은 에너지의 양이 계속 증가하지요. 이렇게 물 분자 내부 에너지의 '양적 변화'가 일어납니다.

하지만 아직 '질적 변화'는 없습니다. 얼음이 열을 품어 영하 50도에서 영하 40도, 영하 30도로 온도가 상승하더라도 여전히 고체 상태를 유지하기 때문이지요. 하지만 특정한 지점에 도달했을 때 드디어 '질적 변화'가 일어납니다.

학생·· 아하! 섭씨 0도군요? 0도가 되면 고체가 액체로 바뀌니까요. 그것이 바로 '질적 변화'군요.

선생님·· 그렇습니다. 영하 40도, 영하 30도, 영하 20도, 영하 10도,

영하 1도로 온도가 올라가면서 내부 에너지의 '양적 변화'는 계속됩니다. 하지만 여전히 고체 상태를 유지하면서 눈에 띄는 '질적 변화'는 일어나지 않지요. 그런데 섭씨 0도에 도달하면 드디어 '질적 변화'가 일어납니다. 얼음이 물로 바뀌는 것이지요. 물(얼음) 분자 내부 에너지의 '양적 변화'가 특정 지점, 즉 섭씨 0도에 도달하니까 '질적 변화'를 일으키는 것입니다. 양적 변화가 계속되다 특정 지점에 이르러 질적 변화로 바뀌는 것이지요.

학생·· 이게 바로 '양적 변화의 질적 변화로의 이행의 법칙'이군요. 양적 변화가 계속되다가 특정 지점이 되면 질적 변화가 촉발된다. 그럴싸하네요? 얼음이 녹아 물이 된 이후에도 계속 가열하면 물의 온도는 섭씨 10도, 20도, 30도로 꾸준히 상승하잖아요. 그렇게 물의 에너지에 '양적 변화'가 일어나다가, 온도가 섭씨 100도에 도달하면 '질적 변화'가 일어나는군요. 액체가 기체로 바뀌니까요. 물이 수증기로!

선생님·· 오! 청출어람이네요. 아니면 재수강생인가요? 물이 수증기로 변화는 과정을 설명하려고 했는데, 학생이 먼저 다 말했네요.

학생·· 들켰네요. 재수강생입니다….

선생님‥ 하핫. 역시 그렇군요. 얼음의 예를 접하니 양적 변화, 질적 변화, 이행 등의 용어가 이해되지요? 이번에는 사회현상에 적용해 볼까요? 어떤 법안의 찬반 국민투표를 하는 상황입니다. 현재 여론조사에서 찬성이 20%이고 반대가 80%인데요. 투표일을 앞두고 법안에 대한 찬성 여론이 움직이기 시작했습니다. 30%, 35%, 40%까지 올라가면서 찬성률에 '양적 변화'가 일어납니다. 하지만 아직 '질적 변화'는 없습니다. 여전히 반대 여론이 더 높기 때문이지요. 그런데 찬성이 계속 올라가서 50%를 넘기면 드디어 '질적 변화'가 일어납니다. 이전에는 부결되던 법안이 지금은 통과되는 상황이지요.

또 다른 예를 들어볼까요? 여러분 대부분 토익 준비하지요? 예컨대 어떤 기관에서 지원자에게 토익 점수 900 이상을 요구한다고 합시다. 이번에 시험을 봤는데 730점이 나왔어요. 조금 더 노력해서 다음 시험에서는 820점을 받았습니다. 점수가 양적으로는 증가했으나 질적으로는 여전히 기준 점수 미달이지요. 하지만 영어 공부에 매진해 드디어 915점을 받아 기준 점수를 넘겼습니다. 이제는 응시 가능합니다. 영어 공부의 양적 축적이 기준 점수를 넘어서는 질적 변화를 낳은 것이라고 할 수 있지 않을까요?

학생‥ 흥미롭네요. 변증법의 법칙이 자연현상과 사회현상에 두루 적용되니 말이에요.

선생님‥ '양적 변화의 질적 변화로의 이행의 법칙'은 모순에 의한 변화와 발전이 어떠한 방식으로 진행되는지를 보여주는 법칙입니다. 모순에 의한 변화 발전은 아무렇게나 진행되는 것이 아니라, 양적 변화가 계속 축적되다가 임계점에 이르렀을 때 질적 변화가 일어나는 방식으로 진행된다는 이야기지요.

부연 설명을 하자면, 형이상학적 세계관은 질적 변화를 부정하며 양적 변화만을 인정하는 세계관입니다. 질적 변화는 '틀'이 바뀌는 변화잖아요. 반면에 양적 변화는 틀이 바뀌지는 않지요. 예컨대 서양 중세사회는 국왕, 성직자, 귀족, 농노 등으로 이루어진 계급사회였습니다. 이러한 계급구조는 기독교적 세계관에 의해서 합리화되었고요. 이 구조를 통해 이득을 취하는 지배계급 입장에서는 사회의 '질적 변화'는 절대 용납할 수 없는 일입니다. 그들은 세상을 고정 불변하는 '틀(신분제)'로 파악하는 형이상학적 세계관을 갖고 있었지요. 하지만 신흥 자본가계급은 자신들의 부와 사회적 입지를 축적(양적 변화)해나가는 가운데, 혁명의 순간에 이르러 봉건귀족들을 누르고 사회의 '질적 변화'를 이루었습니다. 기존 신분제가 영원할 것이라는 봉건귀족들의 형이상학적 세계관이 잘못됐음을 여실히 드러내는 역사적 사건이지요. 이렇듯 형이상학은 질적 변화를 부정하는 경향이 있는 데 반해, 변증법은 질적 변화를 인정합니다.

자연과학에서도 '양적 변화'만을 고집하는 형이상학의 그림자를 찾을 수 있습니다. 예를 들어서 설명해볼까요? 알다시피 뉴턴 역학의 사회적 영향은 지대했습니다. 뉴턴 역학의 기본 법칙은 다음과 같습니다.

(1) 관성의 법칙
(2) F=ma
(3) 작용 반작용의 법칙

간단한 법칙 세 개로 날아가는 포탄뿐만 아니라 태양계 행성의 움직임까지 설명할 수 있으니 얼마나 신비롭고 경이롭습니까. 워낙 강력한 법칙이라서 한때 실험 결과가 뉴턴 법칙과 어긋나면 무조건 실험이 잘못됐다고 판단할 정도였지요. 하지만 과학이 발전하면서 뉴턴 역학으로는 설명 불가능한 현상들을 발견합니다. 분명 실험에 오류가 없는데도 결과가 뉴턴 역학과 맞지 않는 거예요. 그럼에도 불구하고 실험 결과를 억지로 뉴턴 역학의 '틀'에 끼워 맞춰 해석하려는 시도는 한동안 계속됐습니다.

학생⋯ 마치 뉴턴 법칙이 먼저 존재하고 세상이 이 법칙에 맞춰서 돌아가고 있다는 식으로 생각한 거군요. 법칙이 현실과 안 맞으면 그 법칙에 오류가 있는지 의심해야 하는데, 그동안 뉴턴 법칙이 워낙 잘 들어맞았으니 실험 결과를 억지로 법칙에 구겨 넣었군요.

본말이 전도된 상황이네요.

선생님·· 그것이 바로 형이상학적 태도입니다. 고정된 틀에만 집착해 질적 변화를 거부하는 것이지요. 하지만 유물론적 세계관을 지닌 과학자라면 당연히 현실이 아니라 이론을 의심합니다. 바로 아인슈타인이 그런 사람이었지요. 아인슈타인은 뉴턴 역학의 오류와 한계를 깨닫고 그것을 뛰어넘는 새로운 이론을 제시합니다. 바로 그 유명한 상대성이론이지요. 뉴턴 역학은 매우 빠른 속도(광속에 가까운 속도)로 운동하는 물체에 일어나는 현상을 제대로 설명하지 못했는데요. 아인슈타인의 상대성이론을 통해 그 한계를 극복할 수 있게 된 겁니다.

영화 〈인터스텔라〉에 나오는 시간 지연 효과는 뉴턴 역학으로는 설명이 불가능합니다. 아인슈타인의 상대성이론 때문에 이러한 상황에 대한 이해와 예측이 가능해졌지요. 소립자 분석에 사용되는 거대한 입자가속기도 상대성이론 때문에 만들 수 있었습니다. 상대성이론은 시공간의 휘어짐과 블랙홀의 존재 등 기존의 뉴턴 역학으로는 해석할 수 없는 다양한 현상을 설명할 수 있지요. 뉴턴 역학이 상대성이론으로 '질적 변화'를 한 것입니다. 그렇다고 뉴턴 역학과 상대성이론이 완전히 별개의 이론은 아닙니다. 빛보다 매우 느린 속도로 운동하는 상황을 가정하고 그것에 맞게 상대성이론의 법칙과 수식을 근사화하면 뉴턴 역학 법칙으로 바뀝니다. 한

마디로 뉴턴 역학은 상대성이론의 '느린 속도 버전'인 겁니다.

꾸준한 연속과 급격한 비약

학생·· 그러면 양적 변화보다 질적 변화가 더 중요한가요? 세상을 제대로 이해하려면 질적 변화를 중심으로 봐야 할 것 같아요.

선생님·· 꼭 그렇지는 않습니다. 양적 변화와 질적 변화는 서로 깊이 연관된 것이라 따로 떼어내 이해할 수 없습니다. 영하 50도의 얼음의 경우, 물 분자의 내부 에너지가 양적으로 증가하지 않으면 섭씨 0도에 도달할 수 없습니다. 질적 변화가 이루어지려면 양적 변화가 축적되어야 하니까요. 일반적으로 양적 변화는 질적 변화보다 그 양상이 더디고 느리며 연속적입니다. 반면에 질적 변화는 상대적으로 그 양상이 급격하고 불연속적이지요.

예컨대 물을 처음 보는 외계인이 있습니다. 외계인이 영하 50도의 얼음을 가열합니다. 외계인이 보기에 양적 변화의 과정은 지루할 것입니다. 열을 가해도 고체 상태 그대로니까요. 그저 내부 에너지만 연속적으로 상승하지요. 그런데 섭씨 0도가 되니 갑자기 고체가 액체로 바뀝니다. 상황을 처음 접한 외계인은 크게 당황합니다. 뭐가 잘못됐나 싶기도 하고 혹시 폭발하지는 않을까 두렵겠

고정 불변이라 인식되는 '틀'을 깨트리는 비약이 질적 변화의 특징이다. 역사 속 대규
모 항쟁과 그로 인한 혁명적 사회 변화는 이를 잘 보여준다.
2016년 12월 3일 '6차 민중총궐기'에서 광화문을 가득 메운 민중들의 "박근혜 정권
퇴진" 촛불항쟁. ⓒ 공동취재단

지요. 영하 1도에서도 멀쩡하던 얼음이 갑자기 섭씨 0도에서 급격하게 불연속적으로 변합니다. 이렇듯 질적 변화는 '비약飛躍'의 과정입니다.

이런 연속성과 불연속성(비약)의 극명한 대비는 사회현상에서도 발견할 수 있습니다. 알다시피 박근혜 전 대통령은 국민의 엄청난 분노를 한 몸에 받고 탄핵됐습니다. 당시 박근혜 정부의 실정이 계속되면서 국민의 분노 감정이 점진적으로 부풀어 올랐습니다. 느리지만 꾸준히 양적으로 증가한 겁니다. 하지만 한동안 대다수 사람의 일상은 변함없었지요. 출근하고 퇴근하고, 학교 가고 밥 먹고, 화장실 다녀오고 잠자고. 99도까지 분노 지수가 올라가더라도 여전히 일상은 계속됩니다. 하지만 상황이 최순실 국정농단 사태에 이르자 국민의 분노 지수가 드디어 100도에 도달했습니다. 액체 상태였던 분노는 펄펄 끓어올라 기체가 됩니다. 비약이 일어난 것이지요. 수많은 인파가 광화문으로 쏟아져 나와 대통령 퇴진을 요구하고, 헌법재판소는 박근혜 대통령을 탄핵합니다. 양적 변화가 축적되어 질적 변화를 일으킨 명백한 사례입니다.

학생⋯ 저도 양적 변화가 축적되어 질적 변화가 일어나는 좋은 예가 생각났어요. 간만에 고등학교 동창들과 만나서 술자리를 가졌는데요. 기분이 좋다 보니 친구들이 건네는 술을 넙죽넙죽 받아서 마셨어요. 맥주를 한참 마시다가 소주로 갈아탔는데 네 번째

잔까지 받아 마신 이후로는 기억이 없어요. 눈을 떠보니 제 방이더라고요. 제 몸에 알코올이 양적으로 축적되다가 특정 수준을 넘어서면서 질적인 변화(필름 끊김)를 일으킨 것이지요. 음주도 변증법적이네요.

변증법적 부정: 새로운 것이 낡은 것을 끊임없이 대체한다

선생님·· 하하. 그것 참 멋들어진 비유네요. 학생 이야기를 들으니 빨리 집에 가서 와인 한 잔 마시고 싶군요. 이제 마지막으로 '부정의 부정' 법칙을 다뤄보지요.

학생·· 부정의 부정은 긍정이 되니까 '긍정의 법칙'인가요? 헤헤.

선생님·· 갑자기 실내 온도가 1도 떨어지네요. 후후. 일반적으로 '부정否定'은 '무엇이 아니다'라는 의미로 이해합니다. '이것은 사과가 아니다'라고 하면 '이것이 사과다'라는 명제의 부정이지요. 그런데 변증법의 '부정'은 의미가 약간 다릅니다. '변증법적 부정'이란 사물이나 현상의 변화 발전 과정에서 '새로운 것이 낡은 것을 대체'하는 상황을 일컫습니다.

어떤 사물이나 현상이 변화 발전한다는 것은, 예전의 낡은 모습을 벗고 새로운 모습으로 바뀌는 것입니다. 생명체의 진화를 생각해보세요. 거듭된 진화 과정을 통해 생명체는 과거와 다른 모습을 띠게 되지요. 중세 봉건사회가 근대 자본주의사회로 발전할 때도 예전의 낡은 봉건 시스템이 새로운 자본주의 시스템으로 대체됩니다. 낡은 것이 새로운 것에 의해서 '부정'되는 것이지요. '정正-반反-합合'의 과정에서 '정-반'의 모순 관계가 갈등과 투쟁을 통해 새로운 '합'으로 변화 발전하는 것이 '변증법적 부정'입니다.

그런데 새로운 것이 낡은 것을 대체한다고 해서 전혀 낯선 무언가가 갑자기 등장하는 것은 아닙니다. 생명체의 진화 과정을 보더라도 물고기가 뜬금없이 인간이 될 수는 없습니다. 진화 과정에서는 유전자와 환경이 상호 모순 관계에 있습니다. 유전자는 부모의 형질을 자식에게 그대로 전하는 성질이 있는데, 환경은 이러한 유전 과정에 끊임없이 자극과 교란을 줘서 변화를 일으킵니다. 이 상호작용이 여러 세대에 걸쳐 진행되는 가운데 생존과 번식에 유리한 유전 형질은 보존·강화되고, 불리한 성질은 (해당 개체의 생존과 번식 확률이 낮아져) 자연스럽게 감쇄합니다. 이러한 과정을 거치며 진화한 생명체는 진화 이전의 모습을 일부 간직하면서도 새로운 모습을 띠게 됩니다.

사회의 변화 발전 과정도 마찬가지입니다. 봉건사회가 무너지고 자본주의사회로 이행했다고 뜬금없이 새로운 사회가 탄생하는 건 아니에요. 자본주의사회로의 변화를 이끈 부르주아계급도 중세 봉건사회에서 상공업자로서 봉건영주와 함께 존재했습니다. 중세 초기에는 상공업이 미약한 수준이라 그들의 힘과 영향력이 작았을 뿐이지요. 시간이 흐르면서 기술이 발전하고 새로운 항로가 개척되고 상공업자의 힘과 영향력이 봉건귀족들을 압도해 부르주아혁명이라는 질적 변화가 일어나게 됩니다.

그런데 재미있는 현상은, 자본주의사회로 이행해서 꽤 오랜 시간이 흘렀는데도 봉건사회의 흔적이 여전히 남아 있다는 것입니다. 예컨대 영국이나 일본에는 왕실이 여전히 존재합니다. 꼬리가 없어진 인간에게 꼬리뼈가 남아 있듯 말입니다. '변증법적 부정'을 통한 불연속과 비약의 '질적 변화' 과정은 과거를 전면적으로 부정하고 완전히 새로운 모습으로 태어나는 것을 말하는 게 아닙니다. 모든 것에는 원인과 결과, 즉 역사성이 있으니까.. 우리는 모두 어느 정도 과거의 포로이고 노예일 수밖에 없습니다.

노파심에 재차 강조하지만, '변증법적 부정'의 과정에서 등장하는 새로운 요소 역시 모순 및 갈등 구조의 '내부'에서 발생합니다. 생명체의 진화 과정 역시 이미 생명체 내부에 존재하는 요소들이 환경과의 상호작용 속에서 강화되는 것이지요. 자본주의사회를 열어젖힌 부르주아계급도 중세시대에 소규모 상공업자의 형태로 존재했고요.

학생·· 변증법적 부정의 의미는 어느 정도 이해했습니다. 그런데 우리가 지금 배우는 것이 '부정의 부정'의 법칙이잖아요. 그렇다면 변증법적 부정이 연쇄적으로 계속되는 것이 '부정의 부정'인가요? 생명체도 한 번만 진화하는 것이 아니라 끊임없이 진화하잖아요. 사회도 끊임없이 변하고요.

선생님·· 이어서 할 이야기인데 학생이 앞질렀네요. 내용을 잘 따라오고 있다는 증거이니 오히려 기분이 좋습니다. 아니면 역시 재수강생인가요? 후후.

초기 생명체는 단순한 세포 수준이었지만 진화를 거듭하면서 복잡한 형태를 띠고, 결국 우주의 섭리를 이해할 수 있는 두뇌를 지닌 인간까지 탄생했지요. 인간 사회 역시 초기에는 단순히 수렵이나 채집 정도로 연명하는 소규모 공동체였으나, 현대사회는 복잡하고 정교한 관료조직인 국가를 만들어내고 사회 성원들이 다양하게 얽혀서 엄청난 물질적·정신적 생산물을 만들어내는 문명을 형성했습니다. 이러한 변화 발전의 과정은 끊임없는 변증법적 부정의 연쇄 과정, 즉 '부정의 부정'을 통해 이뤄졌지요. 이러한 변화 발전의 방향은 낮은 단계에서 높은 단계로, 단순한 것에서 복잡한 것으로 진행되지요.

학생·· 그러니까 세상은 변증법적 부정이 연쇄적으로 일어나며 발전한다는 이야기군요. 모순에 의한 변화 발전 과정을 통해 끊임없이 세상은 진보한다, 이런 이야기네요.

세상은 끊임없이 나선형을 그리며 발전한다

————

선생님·· 맞습니다. 그런데 재미있는 사실이 있어요, '변증법적 부정'이 반복되는 과정을 살펴보면, 그 양상이 '주기성'을 띤다는 것을 알 수 있습니다. 예컨대 여기 대추씨가 있습니다. 대추씨의 내부에는 씨앗 형태를 유지하려는 성질과 싹트려는 성질이 공존하고 있습니다. 두 성질은 명백히 모순 관계지요. 온도와 습도 그리고 토양의 상태에 따라 씨앗 형태를 유지할 수도 있고 싹틀 수도 있는데요. 씨앗이 싹터 나무가 되는 과정은, 씨앗이 '변증법적 부정'을 통해 대추나무가 되는 단계로 나아간 것이지요.

자! 대추씨가 변증법적 부정을 통해 싹이 트고 성장하면서 대추나무가 됐습니다. 하지만 여기서 끝이 아니지요? 대추나무는 끊임없는 변화 발전의 과정(변증법적 부정)을 거치며 열매를 맺는 단계로 나아갑니다. 열매 안에는 대추씨가 들어 있고요. '부정의 부정' 과정(대추씨 ⇒ 대추나무 ⇒ 대추씨)을 통해 대추씨는 자신의 처음 모습으로 돌아왔습니다. 알다시피 대추 열매 속 씨앗은 다시 땅에 떨어져 새로운 대추나무로 자라날 가능성을 내포한 존재입니다. 그때문에 땅에 떨어져 성공적으로 싹이 트면 동일한 변화 주기를 반복합니다. 이렇게 변증법적 부정이 계속되면 변화 과정은 끊임없이 대추씨로 돌아오는 주기성을 띱니다. 그렇다고 단순히 동일한 출발점으로 돌아온 것은 아닙니다. 처음에는 대추씨 한 개로 출발했지만 '부정의 부정'을 거치니 수많은 대추 열매가 나무에 달렸습니다. 게다가 토양과 환경의 영향에 따라 열매 속 대추씨에 일정한 유전적 변화가 생기지요. 대추씨는 다시 땅에 떨어져 싹이 트고 '부정의 부정' 과정을 반복합니다.

동물 역시 유전자-환경의 모순 속에서 '부정의 부정'의 법칙을 통해 생애 주기를 반복합니다. 난자와 정자의 수정 후 출산을 통해 세상을 나온 개체는 부모에게 받은 유전자를 지닌 채 환경과 상호작용하며 성장합니다. 그러다 짝을 만나 자식을 낳아 자신의 유전자를 후대에 물려주고 수명이 다하면 흙으로 돌아갑니다. 자식들 역시 부모와 동일한 생애 주기를 반복하지요. 그러한 과정에서 시시각각 변화하는 환경에 잘 적응한 개체군은 번창하고 후대에 자신의 유전자를 남깁니다. 이러한 과정이 계속되는 가운데 점진적으로 생명체의 유전자 구성에 발전적인 변화가 일어납니다. 마치 대추씨가 연쇄적인 변증법적 부정 과정에서 기후나 토양 등의 주변 환경으로 인해 더욱 진화한 상태로 출발점(대추씨)에 서는 것처럼 말이지요. 물론 대추씨와 동물의 생애 주기가 다소 다르겠지만요.

학생·· 대대손손 생애 주기를 반복하는 양상에서 동그라미가 떠오르네요. 다람쥐 쳇바퀴 같은 느낌이요.

선생님·· 학생의 말처럼 일반적으로 동그라미의 형상을 떠올리기 쉽지요. 하지만 '부정의 부정'의 법칙에서의 주기성은 단순한 동그라미가 아닙니다. 왜냐면 '부정의 부정'을 거쳐 돌아온 곳은 출발점이 아니라 그보다 좀 더 높은(진화한) 단계이기 때문입니다. 한 바퀴 돌아 도착한 곳은 출발점보다 조금 위, 두 바퀴 돌아 도착한 곳은 그보다 조금 더 위, 이렇게 돌면서 조금씩 상승하는 상황은 어떤 궤적을 그릴까요?

학생·· 아하! 용수철 같은 모양, 나선형이네요.

선생님·· 그래서 '부정의 부정'의 법칙은 변화 발전의 양상이 나선형임을 의미합니다. 이제 용수철을 보면 변증법이 떠오르겠군요? 빅뱅 이후 우주는 137억 년 동안 계속 팽창하는 중이라고 합니다. 끊임없이 변화 발전하는 중이지요. 그러면 과연 먼 미래에도 우주는 계속 팽창할까요? 여러 의견이 분분하지만, 어떤 과학자들은 먼 미래의 어느 시점이 되면 팽창된 우주가 다시 수축하기 시작해 빅뱅 전처럼 한 점에 모일 것으로 예측하더군요. 한껏 늘어난 용수철이 복원력으로 인해 다시 수축하는 것처럼 말이지요. 만약 이

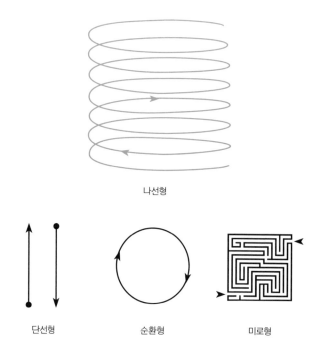

나선형

단선형   순환형   미로형

세계의 변화 발전과 역사에 대한 여러 인식들. 변증법적 인식에 의하면 세계는 나선형의 발전 양상을 보인다(헤겔, 마르크스 등). 그 외에도 과거-현재-미래의 시간축 위에서 단선적으로 낙관(콩트 등) 또는 비관(종말론 등)하는 직선형, 진보와 퇴보가 반복된다고 보는 순환형(윤회관, 니체, 토인비 등), 애초부터 방향성이 없다고 보는 미로형(포스트모더니즘 등) 등이 있다. - 《21세기와의 대화》(송두율 지음, 한겨레출판, 1998) 참고.

런 식으로 우주가 팽창과 수축을 반복하고 있다면, '부정의 부정'의 법칙을 가장 긴 주기로 수행하는 시스템인 게 아닐까요? 이 역시 나선형 발전의 과정에 있다면 빅뱅이 반복될 때마다 좀 더 높은 수준의 우주로 나아가고 있는 걸까요?

학생·· 선생님. 너무 나가신 것 같아요. 수습이 필요할 것 같습니다.

선생님·· 저도 좀 그런 느낌이 드네요. 그냥 머릿속에서 상상의 나래를 펴보았습니다. 오늘은 많은 내용을 다뤘네요. 가끔은 이런 날도 있는 거지요. 하하.

자, 잊지 마세요. 변증법의 기본 법칙은 아래의 세 가지입니다.

(1) 대립물의 통일과 투쟁의 법칙
(2) 양적 변화의 질적 변화로의 이행의 법칙
(3) '부정의 부정'의 법칙

세 가지 법칙을 잠시 머릿속에서 정리해보세요. 어차피 공부는 스스로 하는 겁니다. 그래야 머릿속에 남아요. 강의 한 번 들었다고 머릿속에 바로 입력되지는 않아요.

오늘 배운 내용을 제대로 복습하셔야 합니다. 그래야 이후 내용을 이해하기가 수월합니다.

생각해봅시다

◦ '법칙'에 대해서 이야기해봅시다.

◦ 변증법의 기본 법칙 세 가지는 무엇인가요?

◦ 양적 변화와 질적 변화를 설명해봅시다.

◦ 변증법적 부정이란 무엇인가요?

◦ '부정의 부정'과 나선형 발전에 대해 이야기해봅시다.

변증법적
유물론의 탄생
헤겔
포이어바흐
마르크스

강의 주제

- 헤겔의 변증법적 관념론
- 포이어바흐의 형이상학적 유물론
- 마르크스의 변증법적 유물론

¶

선생님·· 이번 시간에는 변증법적 유물론을 다룹니다. 오늘은 주요 철학자들의 글을 발췌해서 살펴볼 거예요.

우선 변증법의 철학자 헤겔부터 시작하지요. 모순을 변화 발전의 원동력으로 파악하고, 삼라만상을 변증법의 논리로 설명한 헤겔은 인류 사상사에 위대한 업적을 남겼습니다. 뛰어난 통찰력을 가진 사람이지요. 헤겔의 변증법 철학은 단순한 사물과 현상뿐만 아니라 복잡한 인간 사회의 변화 발전 과정까지 일목요연하게 설명할 수 있는 개념 틀과 논리를 제공했습니다. 사물과 현상 내부의 모순뿐만 아니라, 인간 사회의 모순을 파악하는 과정에서 변화 발전의 양상을 이해하고 분석할 수 있는 단초가 마련된 것입니다. 변증법은 당시 지식인들에게 엄청나게 큰 충격을 안겨줬습니다.

학생·· 당대에는 정말 엄청난 충격이었을 것 같아요.

선생님·· 모순이 변화 발전의 원동력이라는 헤겔의 접근 방식은 진정 '혁명적'이었습니다. 게다가 당시 유럽은 봉건사회가 무너지고 자본주의사회가 들어서는 부르주아혁명기였습니다. 그 어느 때보다도 사회의 모순과 갈등이 첨예한 시기였지요. 헤겔의 변증법 철학은 특히 사회의 변화를 꿈꾸던 사람들에게 큰 영향을 끼쳤습니다.

그런데, 헤겔은 관념론자였습니다. 모든 것의 근원을 초월자 같은 정신적 존재에게서 찾은 것이지요. 당시 서양에서는 과학기술이 비약적으로 발전하면서 유물론이 점점 힘을 얻고 있었습니다. 하지만 과거로부터 이어지던 기독교의 영향력은 여전히 무시할 수 없었지요. 헤겔 역시 거기서 자유롭지 못했고요. 결국 그는 자신의 변증법 철학을 관념론이라는 토대 위에 세우게 됩니다.

물구나무선 헤겔의 '변증법적 관념론'

학생·· 헤겔도 모든 것은 신의 섭리라고 생각했나요? 그러니까 변증법적 발전 과정이 결국 신의 섭리다, 뭐 이런 식이었던 건가요?

선생님·· 맞습니다. 헤겔은 자신의 변증법 철학에 '절대정신absolute Geist'이라는 개념을 도입합니다. 인류 사회가 발전하는 과정은 '절대정신'이 끊임없는 변증법적 과정을 통해 자신을 실현해나가는 과정이라고 보았습니다. 우리는 '절대정신'이라고 하는 시나리오 작가가 쓴 연극의 배우들인 셈이지요. 변증법적 발전 과정 자체가 '절대정신'의 섭리고요. 그런 의미에서 헤겔의 철학은 '변증법적 관념론'입니다.

학생·· 혁명적인 변증법과 보수적인 관념론이 헤겔의 머릿속에서 동거했군요. 한 시대의 진보적 사상과 보수적 사상이 한 사람의 철학에 비빔밥처럼 섞여 있으니 뭔가 재미있네요.

그런데 헤겔이 이야기하는 절대정신이니 어쩌고저쩌고하는 이야기는 솔직히 궤변 같아요. 앞선 강의에서 선생님이 공식까지 쓰면서 뉴턴의 중력 법칙을 설명하셨는데요.

$$F = G \; \frac{m_1 m_2}{R^2}$$

객관적으로 존재하는 물질세계에 중력을 일으키는 속성이 먼저 존재하고 인간이 관찰과 실험을 통해서 그런 속성을 찾아내 수식으로 표현한 거라고 하셨잖아요. 그런데 헤겔은 '절대정신'을 도입해서 완전히 거꾸로 이야기하고 있어요. 중력의 법칙이 절대정신의 의지이고, 사물은 절대정신의 의지를 반영해서 서로를 당기고 있다, 이런 말이잖아요. 물구나무서 있는 느낌이에요.

선생님‥ 과학 문명이 발달해 유물론적 세계관이 보편화된 21세기의 시각에서 보면 학생의 말이 타당하겠지요. 하지만 18세기의 서양은 여전히 마녀재판이 존재할 정도로 종교적인 영향력을 무시할 수 없던 사회였습니다. 탁월한 사상가였던 헤겔조차 그렇게 생각하는 게 무리가 아니라고 할 수 있지요. 오히려 '절대정신'이 당시 상식에 잘 부합하는 개념이었지요.

하지만 철저한 유물론자였던 마르크스는 헤겔 철학이 물구나무서 있다고 비판했습니다. 헤겔이 변증법 철학이라는 중요한 성취를 이루었지만, 그 철학의 기초가 과학이 아닌 종교의 논리에 기대고 있음을 비꼰 것이지요.

사실 마르크스에 앞서서 헤겔 철학의 관념론적 성격을 통렬하게 비판한 사람이 있는데요, 바로 루트비히 포이어바흐Ludwig Feuerbach, 1804~1872입니다. 포이어바흐는 마르크스에게 큰 영향을 끼쳤지요. 포이어바흐는 자신의 저서 《기독교의 본질》에서 다음과 같이 이야기합니다.

신이란 인간이 생각하고 느끼는 그것과 다르지 않다. 인간이 갖는 가치 이상을 신은 갖고 있지 않다. 신에 대한 의식은 인간의 자의식이며 신의 인식은 인간의 자기 인식이다. 그대는 신으로부터 인간을 인식하며 그리고 다시 인간으로부터 신을 인식한다. 인간과 신은 동일하다. 인간에게 신인 것은 인간의 정신Geist이고 영혼

Seele이며, 인간의 정신·영혼·마음은 인간의 신이다. 신은 인간의 내면이 나타난 것이며 인간 자체가 표현된 것이다. (76쪽)

학생·· 글이 어려워서 알쏭달쏭하네요.

선생님·· 좀 더 직접적으로 표현된 문장을 인용해볼까요? 카를 마르크스가 쓴 〈헤겔 법철학 비판 서설〉에 나오는 내용입니다.

독일에 있어서 종교의 비판은 본질적으로 종료되었다. 그런데 종교의 비판이란 모든 비판의 전제이다. (중략) 비종교적 비판의 기저는 이것이다 — 인간이 종교를 만들지, 종교가 인간을 만드는 것은 아니다. (1쪽)

학생·· 아하! 무슨 뜻인지 알겠네요. 사람이 신을 만들었지, 신이 사람을 만든 게 아니라는 말이군요. 지난 수업에서 관념론 배울 때 다뤘던 내용이네요.

선생님·· "신이란 인간이 생각하고 느끼는 그것과 다르지 않다." 다를 수가 없지요. 인간이 자신의 모습 그대로 신을 빚어냈으니까요. "신에 대한 의식은 인간의 자의식이며 신의 인식은 인간의 자기 인식이다." 역시 그럴 수밖에요. 인간이 자신의 모습을 의식해서 신을 만들었으니까요.

이런저런 종교마다 신의 이름이나 외형 등이 차이가 나지만, 기본적으로 인간의 모습이 어느 정도 투영되어 만들어졌다는 공통점이 있습니다. 그렇게 인간이 만든 가공의 존재(신)가 거꾸로 인간을 지배하니 역설적인 상황이지요. 포이어바흐는 《기독교의 본질》에서 관념론의 토대를 허무는 주장을 폅니다. 신을 인간이 만들었다는 겁니다. 헤겔의 '절대정신'도 철퇴 같은 비판을 피해갈 수 없었습니다. 마르크스도 포이어바흐에게 큰 영향을 받았습니다. 마르크스가 혁명동지이자 친구였던 엥겔스와 함께 쓴 《신성가족》에는 다음과 같은 내용이 있을 정도지요.

그런데 도대체 누가 "제도"의 신비를 밝혔는가? 포이어바흐다. 개념들의 변증법, 즉 오직 철학자들만이 알고 있었던 신들의 전쟁을 폐기한 것이 과연 누구인가? 포이어바흐다. 낡은 말장난과 "끝없는 자의식"을 정말로 "인간의 의의" — 마치 인간이 인간이라는 의의 이외에 또 다른 의의를 갖고 있는 것처럼 — 가 아니라 여하튼 "인간"으로 대체시킨 사람은 누구인가? 포이어바흐, 오직 포이어바흐일 뿐이다. (153쪽)

학생·· 팬심이 대단하네요. 저 짧은 글에 '포이어바흐'가 몇 번이나 나오는 것이지요?

선생님‥ 포이어바흐의 영향을 받은 유물론자 마르크스와 엥겔스는 《독일 이데올로기》에서 관념론에 대해 다음과 같이 독설을 퍼붓습니다.

> 옛날에 어떤 용감한 친구는 사람들이 물에 빠지는 이유는 무게에 대한 관념에 사로잡혀 있기 때문이라고 생각했었다. 만일 인간이 이러한 관념을 머릿속에서 지워버린다면, 그러면서 이러한 관념을 미신이나 종교적 관념에 불과하다고 공언한다면, 인간은 물에 대한 어떤 공포로부터도 초연할 수 있을 것이다. 무게의 해로운 결과들에 대해 그에게 새롭고도 다양한 증거들을 제공해주었던 바로 그 무게에 대한 환상에 대항하여, 그는 일생동안 투쟁하였다. 이 용감한 친구야말로 독일의 새로운 혁명적 철학자의 유형이라 할 수 있을 것이다. (48쪽)

학생‥ 엄청난 독설이네요. 귀에서 피 나겠어요. 당신들에게는 중력이라는 현상도 관념의 결과물일 테니 머릿속에서 중력이라는 관념을 지우면 물에 빠져서 죽지도 않을 것이다. 그러니 중력 관념을 지우고 물에 뛰어들어라! 하하. 그럼 마르크스는 포이어바흐를 계승한 건가요?

선생님‥ 상황이 그렇게 단순하지는 않습니다. 같은 유물론자라지만 포이어바흐와 마르크스의 철학에는 큰 차이가 있어요. 마르크스는 포이어바흐의 철학에도 큰 결함이 있다고 봤어요. 팬심만 있었던 것은 아닙니다.

학생·· 결함이요?

발걸음을 멈춘 포이어바흐의 '형이상학적 유물론'

————

선생님·· 프리드리히 엥겔스가 쓴 《루트비히 포이어바흐와 독일 고전철학의 종말》에는 다음과 같은 구절이 있습니다.

포이어바흐의 발전 과정은 헤겔 학파의 한 사람 — 물론 그가 완전히 정통 헤겔 학파였던 일은 결코 없었지만 — 이 유물론에 이르는 발전 과정이다. 이러한 발전의 일정한 단계에서 포이어바흐는 자기 선배의 관념론적 체계와 완전히 인연을 끊지 않을 수 없게 되었다. 드디어 포이어바흐는 불가항력적으로 다음과 같은 의식에 도달하지 않을 수 없었다. 다시 말해서 헤겔의 "절대정신"이 천지개벽 이전에 존재하였다든가, 우주 생성 이전부터 "논리적 범주가 미리 존재했다"는 것 등은 피안의 조물주에 대한 신앙의 환상적 유물에 지나지 않는다. 또 우리 자신이 속해 있는 감각적으로 지각되는 물질적인 세계만이 유일한 현실적 세계이며 우리의 의식과 사유는 그것이 아무리 초감각적인 것으로 보일지라도 물질적, 육체적 기관인 뇌수의 산물이다. 물질은 정신의 산물이 아니며 정신이 물질의 최고 산물에 불과한 것이다. 이것은 두말할 것도 없이 순수한 유물론이다. 그러나 여기까지 이르러 포이어바흐는 돌연히 발걸음을 멈춘다. (44쪽)

학생·· 앞부분은 전체적으로 포이어바흐의 유물론 철학에 대한 긍정적 평가인데요. 마지막 문장, '그러나 여기까지 이르러 포이어바흐는 돌연히 발걸음을 멈춘다'가 의미심장하네요. 포이어바흐의 철학에 뭔가 한계가 있다는 이야기 같은데요.

선생님·· 맞습니다. 《기독교의 본질》에서 포이어바흐는 인간이 신을 만들었다고 선언했습니다. 헤겔 철학의 기초를 뒤흔든 겁니다. 여기까지는 괜찮은데, 그 다음이 문제지요. 헤겔 철학과의 인연을 끊으면서 낡은 관념론뿐만 아니라 새로운 변증법까지 버린 것입니다. 포이어바흐는 세상이 고정·불변한다는 형이상학적 세계관을 가지고 있었습니다.

학생·· 포이어바흐의 철학이 왜 형이상학적이지요?

선생님·· 포이어바흐의 책 제목이 뭐였지요?

학생·· 《기독교의 본질》이요.

선생님·· 일반적으로 변화무쌍한 것에는 '본질'이라는 단어를 붙이지 않지요. '본질'이라고 하면 시간이 흘러도 변하지 않는 묵직한 속성을 이야기하는 경우가 많습니다. 앞서 인용했던 《기독교의 본질》에서 이어지는 문장입니다.

> 신은 인간의 내면이 나타난 것이며 인간 자체가 표현된 것이다. 종교는 인간의 숨겨진 보물이 장엄하게 밝혀지는 것이며 인간의 가장 내적인 사상이 공언되는 것이며 사랑의 비밀이 공공연하게 고백되는 것이다. (76쪽)

보시다시피 포이어바흐는 기독교라는 종교에서 인간의 모습을 발견하려 합니다. 왜냐면 종교를 만든 게 인간이기 때문이지요. 그래서 기독교의 '본질'을 밝혀내면 자연스럽게 인간의 '본질'에 다다를 수 있다고 생각했습니다. 그런데 앞서 이야기했듯이 '본질'이라는 단어는 변하지 않는 고정불변의 무엇인가를 떠올리게 하지요.

마르크스는 포이어바흐가 인간의 본질이라고 주장하는 것이, 사실은 본질이 아니라고 일갈합니다. 마르크스는 〈포이어바흐에 관한 테제〉에서 다음과 같이 비판합니다.

따라서 포이어바흐는 '종교적 심성' 자체가 하나의 사회적 산물임을, 그리고 그가 분석하고 있는 추상적 개체가 하나의 특정한 사회 형태에 속함을 알지 못한다.

《독일 이데올로기》에서도 이렇게 비판했지요.

포이어바흐가 유물론자인 한에서 그는 역사를 다루지 않고, 그가 역사를 다루는 한에서 그는 유물론자가 아니다. (90쪽)

학생·· 마르크스는 글을 너무 어렵게 쓰는 것 같아요. 무슨 말인지 잘 모르겠어요.

선생님·· 하하. 하나씩 짚어보지요. "종교적 심성 자체가 하나의 사회적 산물이다." 포이어바흐가 언급한 기독교는 당시 서양 사람의 생활양식과 사고방식이 투영된 종교입니다. 당연히 동양의 불교, 도교, 유교와는 다르지요. 왜일까요? 종교가 탄생하고 형성된 사회가 다르기 때문이지요. 그런데 포이어바흐는 고작 기독교만 연구해놓고는 인간의 '본질'을 발견했다고 선언합니다. 그가 발견했다는 인간의 본질은 그저 특수한 사회(서양)의 산물일 뿐인데요. 때와 장소에 따라 인간의 생활양식이나 사고방식은 변하게 마련이잖아요. 마르크스는 바로 이 점을 지적하는 겁니다.

"그(포이어바흐)가 분석하고 있는 추상적 개체가 하나의 특정한 사회 형태에 속함을 알지 못한다." 같은 맥락입니다. 포이어바흐는 고작 서양이라는 특정한 사회 형태만 연구하고는 거기서 인간(추상적 개체)의 본질을 알았다는 착각에 빠졌다는 이야기지요.

"포이어바흐가 유물론자인 한에서 그는 역사를 다루지 않는다." 역사란 사회 변화의 궤적을 의미합니다. 포이어바흐는 특정한 시기의 유럽 기독교를 연구했을 뿐이니, 그의 연구에서 역사(사회 변화의 궤적)라는 개념이 성립할 수 없겠지요? 기독교나 인간의 속성을 변화 발전하는 과정으로 분석하지 못한 것이지요.

"그가 역사를 다루는 한에서 그는 유물론자가 아니다." 그런 이유로 포이어바흐는 사회의 변화(역사)를 다룰 때는 전혀 과학적(유물론)이지 못했다고 비판합니다.

학생·· 우와! 어려운 말이 이해가 되고 있어요. 예전에는 이런 구절을 접하면 의미 파악은 포기했는데, 내용이 이해되니 뭔가 뿌듯하네요. 물론 선생님이 거의 떠먹여주고 있지만요. 포이어바흐의 사상이 형이상학적이라는 걸 이제 이해했습니다.

선생님·· 후후. 이렇게라도 이해하니 다행입니다. 포이어바흐가 헤겔의 낡은 관념론을 비판한 것까지는 좋았습니다. 하지만 포이어바흐는 헤겔을 비판하면서 '신상품'인 변증법까지도 버린 것이지요. 목욕물 버리다가 그 안의 아기도 버린 셈입니다. 변증법을 버린 포이어바흐는 인간과 사회의 변화 발전 가능성을 깨닫지 못하고 기독교라는 고정된 틀로 세상을 봤습니다. 일종의 형이상학적 세계관이지요. 변하지 않는 인간의 본질이 존재한다고 생각했고, 그것을 변하지 않는 기독교의 본질 속에서 찾아냈다고 생각했습니다. 이렇게 기독교라는 특정 종교를 기준으로 놓고 종교와 신을 그저 인간의 본질이 반영된 것으로만 보면, 종교와 신이 갖는 다양한 사회적·정치적 맥락을 놓칠 수밖에 없습니다. 예를 들어 고대 사회에서 정치적 수장(왕)은 종교 지도자를 겸했지요. 종교는 권력 정당화의 수단으로 기능했고요. 포이어바흐의 시각으로는 종교의 이러한 특성을 제대로 파악할 수 없습니다. 종교도 이럴 진데, 인간 사회에 존재하는 다른 것들은 말할 것도 없지요.

정리하자면 포이어바흐는 '형이상학적 유물론자'입니다. 신을 부정하고 물질세계가 근원임을 주장한 점에서는 유물론자지만, 기독교라는 고정된 틀을 통해 인간과 세상을 이해하려 했다는 점에서 형이상학적이지요.

학생·· 헤겔은 변증법적 관념론이고, 포이어바흐는 형이상학적 유물론이군요. 그렇다면 마르크스는 헤겔에게서 변증법을 가져오고 포이어바흐에게서 유물론을 가져온 건가요? 마르크스의 철학이 '변증법적 유물론'이니까요.

선생님‥ 맞습니다. 그러고 보니 마르크스는 헤겔과 포이어바흐에게서 자신의 입맛에 맞는 것만 골라 가져온 것 같네요. 마르크스는 세상을 정확하게 이해하기 위해서는 과학적(유물론)으로 현상을 봐야 한다고 생각했습니다. 당장 상황을 이해할 수 없다고 신이나 절대정신 등에 의지하는 것은 어리석다고 보았습니다. 또한 마르크스는 끊임없이 변화하는 세상을 이해하기 위해서는 그 현상의 배후에 있는 모순 관계를 파악해야 한다고 생각했습니다. 그런 의미에서 마르크스는 헤겔의 변증법을 계승했습니다.

이것도 일종의 정-반-합이네요. 정(헤겔)-반(포이어바흐)-합(마르크스). 헤겔 철학과 포이어바흐 철학의 모순 관계를 발전적으로 종합한 것이 마르크스 철학이라고 할 수 있겠습니다.

학생‥ 그럴싸한데요?

과학적 세계관, 마르크스의 '변증법적 유물론'

선생님‥ 중요한 사실을 한 가지 더 짚어보지요. 세계관이 달라지면 행동하는 방식이 달라집니다. 생각해보세요. 객관적 관념론은 결국 종교로 이어집니다. 세상만사가 신의 섭리라면 인간이 난관에 봉착했을 때 할 수 있는 행동은 결국 무엇일까요? 신에게 부탁하

헤겔   포이어바흐   마르크스

헤겔은 물구나무서서(관념론) 걸었고(변증법), 포이어바흐는 두 발로(유물론) 그냥 서 있다(형이상학). 마르크스는 이를 발전적으로 종합하여 두 발로 걸었다(변증법적 유물론).

는 겁니다. 모든 것의 근원이며 전지전능한 존재가 신이라고 생각하니까요.

한편 주관적 관념론은 모든 것이 사람의 마음속에서 나온다고 보지요. 최근 심리학 관련 책에서 이런 이야기를 많이 합니다. '모든 것은 내가 마음먹기에 달렸다.' '내 생각이 바뀌면 세상이 바뀐다.' 이렇게 모든 문제의 원인이 개인의 마음속에 있다고 생각하면, 개인에게 지대한 영향을 끼치는 사회구조는 간과하게 되지요. 형이상학적 사고방식은 세상을 고정불변의 틀로 파악하기 때문에 자칫 숙명론과 허무주의에 빠지기 쉽습니다. 예컨대 신분제 사회가 변치 않을 거라고 체념한 하층민에게 무슨 희망과 열정이 생기겠습니까. 그저 하루하루 상전의 심기를 거스르지 않으며 연명하는 게 고작이지요. 심각한 빈부격차와 청년실업을 현대사회의 필연적 현실이라고 생각한다면 청년들은 변화 가능성을 모색하지 못해 무기력증에 빠질 수밖에 없을 겁니다.

반면에 변증법적 유물론은 자연스럽게 과학적 사고방식으로 이어집니다. 세상의 근원을 물질이라고 보고, 변화하고 발전하는 과정 속에서 파악하기 때문에, 과학적으로 세상을 이해합니다. 병을 고치기 위해 굿을 하기보다는 인간의 몸(물질)과 주변 환경(물질)에서 원인을 찾아내어 대응합니다. 가뭄, 홍수, 낙뢰, 태풍 등의 현상을 태양 및 지구권을 형성하는 물질 사이의 상호작용으로 이해하며, 축적된 빅데이터를 통해 날씨와 태풍의 경로 등을 예측합니다. 인간의 심리를 고립된 개인의 내면에서 일어나는 현상으로만 이해하지 않고, 인간의 외부에 객관적으로 존재하는 사회구조와의 관계 속에서 총체적으로 분석하고 접근합니다. 요즘 어떤 중장년층은 청년들이 이전과 비교할 때 나약해졌다고들 말합니다. 자신들은 어려운 상황에서도 열심히 노력해 성취를 이뤘는데, 1인당 GDP 3만 달러가 넘는 부자 나라에서 힘들고 어렵다고 징징댄다는 것이지요. 하지만 청년들이 느끼는 좌절감과 무기력은 역대 최악의 빈부격차와 비정상적으로 높은 청년실업률 등의 객관적 사회구조 속에서 분석하고 접근해야 제대로 이해할 수 있습니다. 그래야 청년 문제에 대한 과학적이고 합리적인 해결책도 모색할 수 있고 이를 통해 사회가 한 발자국 진보할 수 있겠지요.

학생·· 어떤 세계관(철학)을 가지고 있느냐에 따라서 상황에 대한 대처 방식이 달라지는군요. 철학은 뜬구름 잡는 소리라고만 생각했는데, 실제로는 구체적인 실천 행위와 연관이 깊군요.

선생님·· 철학은 한 개인의 세계관과 인생관에 큰 영향을 끼치는 학문입니다. 대다수가 그 사실을 잘 모를 뿐이지요. 철학은 또한 진리를 추구하는 학문입니다. 참된 지식, 즉 진리를 갈망하는 인간의 지적 활동이 축적되어 철학이라는 거대한 탑을 쌓습니다.

그런데 철학의 성격에 따라 진리를 추구하는 방법도 제각각입니다. 종교(객관적 관념론)는 신을 연구하겠지요. 주관적 관념론은 고립된 개인의 심리를 치밀하게 분석할 테고요. 유물론(과학)은 물질세계에서 일어나는 현상에 주목합니다. 이렇게 각자의 방식으로 진리를 추구하는 과정에서 '인간은 궁극적으로 진리(참된 앎)에 도달할 수 있을까?'라는 근본적인 물음과 마주하게 되지요. 두 번째 수업에서 철학의 근본문제를 다룰 때 잠깐 비슷한 이야기했던 것 기억나지요?

학생·· 철학의 근본문제를 '물질과 의식 중에 어느 것이 세상의 근원인가?'와 '인간이 물질세계를 제대로 인식할 수 있는가?'라고 하셨지요. 지금 말씀하시고 계신 것이 철학 용어로 '인식론認識論' 아닌가요?

선생님·· 학생은 철학에 관심이 있나 봐요? 인식론이라는 단어를 아는군요!

학생·· 제가 어려서부터 혼자 뭔가를 골똘히 생각하는 걸 좋아했어요. 호기심도 많고요. 그러다 보니 대학에 와서도 자연스럽게 철학 수업을 듣게 되더라고요. 원래는 대학 입시를 준비하면서 철학과에 지원하려고 했는데, 부모님이 너무 반대하셔서 경영학과에 지원했어요.

선생님·· 그런 사연이 있군요. 마르크스는 부모님이 법학을 전공하기를 바랐지만 정작 본인은 철학을 전공했지요. 저도 전자공학을 전공했지만 이렇게 살고요. 사람 앞일은 알 수가 없어요. 어쨌든 수많은 철학자가 인간이 궁극적으로 진리에 다다를 수 있는지 고민했습니다. 어떤 이는 신에게서 답을 구하기도 했고, 어떤 이는 인간은 절대로 참된 앎에 이를 수 없다며 좌절하기도 했습니다. 마르크스의 철학인 변증법적 유물론은 인간이 진리를 인식할 수 있는가라는 질문에 대한 나름의 독특한 답을 갖고 있습니다.

학생·· 그 답이 뭔가요? 궁금하네요.

선생님·· 그렇다면 다음 시간에 결석하지 말고 꼭 수업에 시간 맞춰 오세요.

생각해봅시다

- 헤겔이 변증법적 관념론자인 이유를 이야기해봅시다.
- 포이어바흐가 헤겔을 어떻게 비판했는지 이야기해봅시다.
- 포이어바흐가 형이상학적 유물론자인 이유를 이야기해봅시다.
- 헤겔, 포이어바흐, 마르크스의 정반합 관계를 설명해봅시다.
- 과학적 세계관이 실천 행위에 끼치는 영향을 이야기해봅시다.

6강

인간은 진리에 도달할 수 있을까? 변증법적 유물론의 인식론

강의 주제

/

- 인식의 형성 과정
- 진리를 검증하는 방법
- 감정과 이성
- 이론과 실천

선생님‥ 예고한 것처럼 이번 강의는 변증법적 유물론의 인식론을 다룹니다. 이번 시간에 깊이 탐구할 질문은 바로 이것입니다.

인간은 궁극적으로 진리에 도달할 수 있을까?

앞서 주관적 관념론을 다룰 때 모든 걸 의심하는 버클리 주교 이야기했던 것 기억하나요?

학생‥ 네. 기억합니다. 감각기관을 통해 획득한 정보가 과연 세상을 제대로 반영한 것인지에 대해 의문을 가졌지요.

선생님‥ 그렇습니다. 버클리 주교의 고민이 인식론과 연결되는 지점이 있습니다. 그래서 주관적 관념론 공부할 때의 이야기를 조금 더 파고드는 것에서부터 시작해보지요.

외부의 자극을 통한 인식의 형성

선생님·· 제가 중학교 때 잠시 작곡을 공부했어요. 그때 저에게 작곡을 가르쳐주던 선생님이 프랑스 유학을 다녀온 분이었는데, 레슨 중에 올리비에 메시앙이라는 프랑스 작곡가를 소개해주면서 충격적인 이야기를 하더군요. 메시앙이 색청色聽이라는 능력이 있다는 거예요.

학생·· 색청이요? 무슨 능력인가요? 처음 듣는 용어네요.

선생님·· 소리를 들으면 색이 보이는 거예요.

학생·· 헉! 진짜요?

선생님·· 진짜예요. 당시 중학생이었던 저는 세계적인 작곡가가 되려면 그런 능력이 필요한가 싶어 눈을 감고 음악을 들으며 열심히 색을 떠올리려고 노력했습니다.

학생·· 색이 보이던가요?

선생님·· 전혀 안 보이더군요. 메시앙보다 재능이 없다는 식으로 체

넘했지요. 그런데 세월이 한참 흘러 우연히 뇌 과학 책을 읽다가 색청의 정체를 알게 됐어요. 정말 허탈하더군요.

학생·· 궁금하네요. 도대체 색청의 정체가 뭔가요?

선생님·· 바로 알려주면 재미없으니 여러분이 맞춰보세요. 힌트를 줄까요? 뇌에서 시각 정보를 주로 처리하는 곳은 후두엽(뒤통수)입니다. 청각 정보를 처리하는 곳은 측두엽(옆통수)이고요. 그러니까 시각 신경세포에서 생성된 전기신호는 뒤통수로 전달되어 뇌세포에 의해 시각 이미지로 바뀌고, 청각 신경세포에서 생성된 전기신호는 옆통수로 전달되어 뇌세포 작용을 통해 청각 이미지로 재현되는 것이지요. 자! 시간을 좀 줄 테니 생각해보세요.

학생·· 아! 알 것 같아요. 소리의 원인은 공기의 진동인데, 공기의 진동으로 고막이 흔들리면 이를 감지한 청각 세포가 전기신호를 생성합니다. 그 전기신호는 원래대로라면 옆통수로 흘러 들어가고, 옆통수의 뇌세포가 소리라는 이미지를 생성하지요. 그렇다면 혹시 뇌 속에서 전기가 새는 것 아닐까요? 메시앙은 옆통수의 전기가 새어나가 뒤통수로 전달되고, 뒤통수의 신경세포는 흘러온 전기신호를 기반으로 시각 이미지를 만드는 것이 아닐까 싶습니다. 원래 뒤통수에는 안구에서 생성된 전기신호만 와야 하는데 메시앙은 뇌에 장애가 있었던 것 아닐까 싶네요.

선생님·· 이야! 대단하네요. 학생 말이 맞아요. 혹시 재수강생인가요?

학생·· 죄송합니다. 재수강생입니다. 작년에 들었던 내용이라···.

선생님·· 크크. 어쩐지 너무 정확하게 설명한다 싶었어요. 아무튼, 제가 얼마나 허탈했겠습니까. 색청이 그저 뇌의 기능장애였다니 말이에요. 저는 뇌에서 전기가 새지 않으니 색청이 없었던 거구요. 박쥐는 초음파를 발산하고 되돌아오는 반사음을 통해 공간의 형태를 파악해 날아다닙니다. 인간의 관점에서는 어떻게 소리만으로 공간의 형태를 파악할 수 있는지 의아할 수도 있습니다만, 박쥐의 두뇌는 어쩌면 고막의 진동을 삼차원 시각 이미지로 재현하고 있는지도 모릅니다.

학생·· 그렇군요. 공기의 진동이 꼭 우리가 느끼는 '소리'라는 형식으로 재현될 필연성은 없겠네요. 미지의 외계 생명체는 빛을 소리로 이미지화하거나 향기를 시각화할 수도 있겠어요. 그렇다면 우리가 느끼는 세상의 이미지는 인간의 뇌가 전기신호를 임의의 방식으로 재현한 것일 뿐이고, 세상의 '정확한' 모습이라고 말할 근거는 전혀 없군요. 박쥐는 공기의 진동을 시각화해서 성공적으로 날고 있을지도 모르잖아요. 인간이 공기의 진동을 소리라는 형태로 재현하는 것이 박쥐에게는 생소할 수도 있겠네요. 어느 쪽이 세상에 대해 더 정확한 인식을 가졌다고 판단하기가 어려운데요?

선생님·· 좋은 접근입니다. 차분하게 생각해보지요. 무언가를 인식한다는 건 어떤 의미를 갖는 활동일까요? 감각기관은 일종의 센서입니다. 뇌는 감각기관을 통해 들어온 전기신호를 나름의 방식으로 해석합니다. 눈을 통해서 빛을 감지하고, 귀를 통해서 공기의 떨림을 감지합니다. 코, 입, 피부 등도 그와 연관된 외부의 자극을 감지하지요.

만약 인간이 태어나자마자 사물이나 대상이 전혀 존재하지 않는 공간에 놓인다면, 우리는 감각기관을 통해서 아무런 정보도 얻지 못할 것입니다. 빛도 소리도 향기도 맛도 촉감도 느껴지지 않는 상태를 떠올리시면 이해가 쉽겠지요. 그러면 두뇌에는 어떠한 외부의 정보도 들어올 수 없겠지요. 그런 상황이 계속되면 인간은 태아의 상태에서 의식이 제대로 성장할 수 없습니다. 외부로부터 아무런 정보도 얻지 못하니까요. 이런 의미에서 보면 우리의 외부에 사물이나 대상이 존재해야만 나의 의식이 형성될 수 있다는 결론이 나옵니다. 타자가 존재하기 때문에 '나'라는 의식이 형성된다는 이야기지요.

학생·· 그렇군요. 내 의식이 이만큼 성장한 것도 남(타자)이 존재하기 때문이라니, 예전에는 생각도 못 해봤네요.

선생님·· 그런데 주관적 관념론자들은 감각기관을 통해 얻는 정보의 신뢰성을 의심합니다. 감각기관으로 들어온 정보가 외부 세계를 정확하게 반영한다고 확증할 만한 증거가 없다는 것이지요. 인간의 뇌는 그렇게 불확실한 정보를 가공해서 지식을 생산하는데, 이것을 과연 '진리'라고 부를 수 있겠냐는 이야기입니다. 그렇게 따지면 불확실한 정보를 토대로 성장해온 '나'라는 의식 역시 불안정하고 토대가 취약한 것이고요. 그럼 과연 이 세상에 참된 앎이란 존재하는 걸까요?

실천을 통한 진리의 검증과 환경의 변화

학생·· 솔직히 뭐가 맞고 틀린 건지는 직접 해보면 알 수 있는 거 아닌가요? 그게 뭐 어려울 게 있다고요. 박쥐도 그런 불확실한 정보를 토대로 벽에 부딪히지 않고 잘 날아다니잖아요. 우리도 시각 정보를 토대로 성공적으로 목적지에 도착하고요. 마르크스의 독설이 떠오르네요.

지난 수업에서도 이야기했었지만, 만약 중력의 법칙을 의심하는 사람이 있다면, 직접 63빌딩 꼭대기에서 뛰어내려보라고 하면 되지요. 그 사람은 의심의 여지 없이 지구의 무게중심을 향하여 쾌속 낙하할 겁니다. 과학자는 가설의 옳고 그름을 판별하기 위해 실험을 하잖아요. 가설을 검증할 수 있는 특정한 상황을 조성해 실험하고, 똑같은 실험을 했을 때 항상 동일한 결과가 나오는지 관찰하지요.

선생님·· 그렇습니다. 우리가 감각기관을 통해 얻는 정보가 전혀 신뢰할 수 없는 것이라면, 인류는 그동안 어떻게 지식을 쌓을 수 있었을까요? 인류는 축적된 지식을 토대로 토끼가 절구질을 한다던 달에 탐사선을 보내고, DNA를 변형해 새로운 동식물 품종을 개발하고 있습니다. 감각기관을 통해 취득한 정보와 그러한 정보를 가공해 추출한 지식이 불확실하다고만 치부하면, 눈앞에 펼쳐진 인류의 과학적 성과를 깡그리 부정하는 셈이지요. 재밌게도 그런 글들은 꼭 컴퓨터나 스마트폰으로 쓰던데 말입니다.

그런 이유로 변증법적 유물론에서는 진리를 인식하는 중요한 방법으로 '실천'을 이야기합니다. 방금 학생이 진리인지 아닌지 알려면 직접 그걸 해보면 되지 않느냐고 했지요? 그게 바로 '실천'이지요.

학생·· 제가 마르크스 수준의 통찰력을 갖고 있었군요. 헤헤헤.

선생님‥ 크크. 할 말은 많지만 하지 않겠습니다. 아무튼 인간은 '실천' 행위를 통해 자신이 가진 지식의 옳고 그름을 판별하는 동시에 주변 환경과 사회를 바꿔 나갑니다. 주체가 객체와 상호작용하는 것이지요. 하다못해 자유로운 두 손으로 여기에 있는 돌멩이를 저쪽으로 던지는 단순한 행위를 하더라도, 세상은 그가 돌멩이를 던진 만큼 변화하지요. 누가 뭐라 하든지 돌멩이의 위치는 이쪽에서 저쪽으로 바뀌었으니까요. 돌멩이를 던진 사람은 그 행위를 통해 돌멩이의 무게를 느낄 수 있고 자신의 근력으로 돌멩이를 얼마만큼 멀리 던질 수 있는지에 대한 정보를 얻습니다. 단순히 돌멩이를 보기만 해서는 얻을 수 없는 정보와 지식을 '실천'을 통해 취득한 것이지요.

과학자의 실험도 일종의 '실천'입니다. 이론만 내세우고 실험으로 검증하지 않는다면 누가 믿어주겠습니까. 과학자는 가설을 검증하기 위해 치밀하고 엄격한 실험(실천)을 하지요. 사실 가설 대부분은 실험을 통해 폐기됩니다. 하지만 일부 가설은 엄격한 검증을 통해 진리로 인정받습니다. 사회문제에서도 실천이 중요한 역할을 합니다. 신분제 사회보다 사회 구성원이 평등한 사회가 더 바람직하다는 주장을 검증하려면, 현실에서 그러한 사회를 건설해야 합니다. 주지하다시피 신분제 사회를 타파하고 민주주의 사회를 구현하는 과정은 수많은 사람의 실천을 통해 가능했지요.

학생·· 　유물론 철학의 입장에서는 실천이 중요할 수밖에 없을 것 같아요. 유물론 철학은 우리 외부에 객관적으로 존재하는 물질이 의식(관념)의 원인이라고 보잖아요. 참된 지식(진리)을 얻으려면 의식의 근원(물질)과 상호작용을 해야겠지요. 그러한 주체(인간)와 객체(환경)의 상호작용이 '실천'이고요.

　반면에 관념론은 정신이 물질에 우선한다고 보기 때문에 삼라만상의 근원이 되는 정신을 탐구해야 하는데, 그 과정에서 결국 신(객관적 관념론)에 의존하거나 '아무 것도 정확히 알 수 없다(불가지론)'는 허망한 결론으로 흐르게 되는 것이지요.

선생님·· 네. 맞습니다. 지금까지의 수업을 아주 잘 이해했네요! 뿌듯합니다. 자, 마르크스는 〈포이어바흐에 관한 테제〉에서 다음과 같이 일갈합니다.

　철학자들은 세계를 단지 다양하게 해석해왔을 뿐이다. 그러나 중요한 것은 세계를 변화시키는 것이다.

학생·· 　오! 꽤나 인상적인 문구인데요? 외워야겠어요.

감성적 인식과 이성적 인식

선생님·· 맞아요. 멋있는 문장이지요. 아주 유명한 문장이기도 하고요. 어쨌든 '실천' 개념은 어느 정도 이해한 것 같으니, 다음 단계로 넘어갑시다. 우리는 지금 인식론을 이야기하고 있는데요. 인간의 인식 활동은 '감성적 인식感性的 認識'과 '이성적 인식理性的 認識'으로 구분할 수 있습니다.

'감성적 인식'은 이런 겁니다. 여기에 개 한 마리가 있습니다. 제가 원반을 던지면 개는 그것을 보고 열심히 달려가서 물어 옵니다. 눈을 통해서 원반의 움직임을 파악했기 때문이지요. 개는 눈으로 들어온 다양한 색의 조합 중에서 움직이는 특정 색깔의 물체(원반)를 구별합니다. 이렇게 감각기관을 통해 들어온 일차적인 정보를 활용해서 어떤 물체를 구별하고 판별하는 수준의 인식을 '감성적 인식'이라고 합니다. 이런 능력은 사람뿐만 아니라 여타 동물도 가지고 있지요.

그렇다면 '이성적 인식'이란 무엇일까요? 개나 사람이나 눈으로 다양한 현상을 목격합니다. 하늘로 던져진 물체가 다시 땅으로 떨어지는 현상을, 개나 사람이나 예외 없이 동일하게 관찰합니다. 여기까지는 감성적 인식의 단계입니다. 그런데 사람은 물체가 떨어지는 현상을 끊임없이 접하면서 그 안에서 관철되는 중력의 법칙을 도출해냅니다. 하지만 개는 그러지 못하지요. 인간과 개의 두뇌

성능이 크게 차이나기 때문입니다.

　아이가 제멋대로 던진 원반이 떨어지고, 하늘을 향해 쏜 화살도 떨어지고, 낭떠러지로 밀어낸 돌덩이가 떨어지는 상황을 관찰하면서, 인간은 다양한 상황 가운데 관철되는 더 높은 차원의 법칙(중력의 법칙)을 추출할 수 있습니다. 그뿐만 아니라 찾아낸 법칙을 다시 현실에 적용해 앞으로 벌어질 상황을 예측하고 통제합니다. 이러한 사고 능력은 여타 동물에게서 발견하기 어렵습니다. 바로 이렇게 감성적 인식을 기초로 그 사물의 내적 본질을 반영하는 인식(두뇌의 활동)을 '이성적 인식'이라고 부릅니다.

학생‥　그러니까 감각기관을 통해 일차적으로 머릿속에 떠오르는 인식이 감성적 인식이라면, 그런 감성적 인식을 재료로 머리를 굴려서 사물이나 현상에 관철되는 규칙성 같은 것들을 찾아내는 게 이성적 인식이군요.

선생님‥　네. 그렇지요. 물론 개도 경험을 통해 직관적으로 압니다. 하늘로 던져진 물체가 땅으로 돌아온다는 사실 정도는 말이지요. 하지만 뉴턴(인간)처럼 질량, 거리 등의 추상적 개념을 동원해 물체 사이에 작용하는 중력의 관계를 숫자로 정확히 기술하지는 못합니다. 이건 이성적 인식의 영역이지요. 인간의 인식 과정을 살펴보면 감성적 인식과 이성적 인식이 긴밀하게 얽혀서 작용합니다.

파도를 보며 중력을 추상하는 이성적 인식 능력은 인간의 고유한 특질이다.

옛사람들은 공중으로 던진 물체가 땅으로 떨어지는 것을 반복적으로 경험하며, 모든 물체는 지구의 중심 방향으로 운동하는 속성이 있다고 생각했습니다. 그 이유는 지구가 우주의 중심이기 때문이라고 생각했고요. 실제 해, 달, 별을 관측하면 겉보기에는 지구를 중심으로 회전운동을 하잖아요. 그런 이유로 지구를 우주의 중심으로 놓고 천체의 움직임을 기술하는 천동설이 대세였습니다. 지속적인 천체 관측(감성적 인식)의 결과를 천동설(이성적 인식)이라는 지식 체계로 정리한 것이지요.

이론과 실천의 변증법

학생·· 천동설은 잘못된 것 아닌가요? 지구가 태양 주위를 돌고 있으니까요.

선생님·· 과학이 발전한 지금에야 그렇게 쉽게 이야기하지만, 솔직히 말하자면 천동설이야말로 일상의 경험과 가장 잘 들어맞는 이론입니다. 하늘을 보세요. 실제로 봤을 때 해, 달, 별이 우리 주위를 느린 속도로 뱅글뱅글 돌잖아요. 지구가 돌고 있다면 어떻게 사람들이 튕겨나가지 않고 멀쩡하게 땅에 발을 붙이고 있는지 당시의 지식으로는 설명할 수 없었지요. 게다가 좀 복잡하기는 했만, 천동설로도 그럭저럭 천체의 움직임을 설명하고 예측할 수 있었습니다. 천동설이 꽤 오랫동안 천체의 움직임을 성공적으로 설명한 겁니다. 이론(천동설)과 실천(천체의 관측)이 그럭저럭 잘 맞물려 돌아간 것입니다.

하지만 과학자들의 끊임없는 실천을 통해 천체에 대한 지식과 정보가 축적되면서 기존의 천동설로 설명하기 어려운 천체 현상들이 발견되기 시작합니다. 이론과 실천 사이에 모순이 발생한 것이지요. 지식과 정보가 축적될수록 이론과 실천의 모순은 더욱 격화되어 새로운 이론이 필요하다는 여론이 형성됩니다. 그런 가운데 학자들의 연구를 통해 새로운 이론이 등장합니다. 태양을 우주의 중심으로 설정해 천체의 운동을 기술하면 천동설보다 훨씬 간결하고 명료하게 설명할 수 있다는 점을 발견한 겁니다.

학생·· 이론과 실천의 모순과 갈등을 통해 인간의 지식이 성장했군요! 지식 역시 변화 발전의 과정(변증법)으로 파악하는 건가요?

선생님·· 바로 그렇습니다. 인류는 이론과 실천의 끊임없는 변증법적 과정을 통해 낮은 단계의 진리에서 높은 단계의 진리로 끊임없이 상승합니다. 새로 등장한 지동설 역시 진리의 종착지는 아닙니다. 인류의 지식이 더욱 발전하면서 태양을 중심으로 천체의 움직임을 기술하는 지동설 역시 한계가 있다는 것을 깨달았습니다. 알다시피 태양은 우주의 중심이 아닙니다. 태양계 역시 거대한 은하의 귀퉁이에 조그맣게 자리를 잡고 은하가 회전하는 방향에 맞춰 끊임없이 움직이고 있습니다. 심지어 우리가 속한 거대한 은하조차 해변의 모래알보다 많은 우주의 은하 중 하나일 뿐입니다. 그렇기 때문에 우주의 중심을 설정하는 것 자체가 부질없는 행위지요. 천동설은 지구를 중심으로 천체의 운동을 기술한 것이고, 지동설은 태양을 중심으로 천체의 운동을 기술했을 뿐입니다. 둘 다맞고 동시에 둘 다 틀린 것입니다. 이렇게 끊임없는 이론과 실천의 변증법적 과정을 통해 우리는 궁극의 진리로 한 걸음씩 전진하는 것입니다.

진리는 살아서 꿈틀댄다

학생··   그런데 진리라는 것은 그냥 그 자체로서 옳은 것 아닌가요? 진리가 변증법적 과정에 있다면 진리도 변화 발전한다는 뜻인데요. 좀 이상하네요. 단순히 지식의 양이 늘어난다는 이야기인가요? 돌을 하늘로 던지면 돌이 다시 땅으로 떨어지는 것은 그냥 그자체로 진리잖아요. 거기에서 변화 발전의 가능성을 찾을 수는 없을 것 같은데요. 따지자면 천동설과 지동설도 둘 다 잘못된 견해일 뿐이지요.

선생님‥ 후후후. 모든 경우에 돌을 하늘로 던지면 정말 다시 땅으로 떨어지나요?

학생‥ 당연하지요. 왜 갑자기 그런 이상한 질문을 하세요? 궤변론자처럼.

선생님‥ 하하하. 궤변론자처럼 들렸나요? 그런데 사실은 지금 무척 중요한 질문을 한 겁니다. 우리가 '진리'에 맞다-틀리다, 옳다-그르다, 이런 식으로 이분법적으로 접근하는 경향이 있는데요. 하지만 그렇게 접근하면 형이상학적 오류에 빠지게 됩니다. 진리 역시 모순에 의해 끊임없이 변화 발전하는 과정으로 파악할 필요가 있어요. 변증법적 유물론에서 진리는 '상대적 진리'와 '절대적 진리'로 구분됩니다.

학생‥ 상대적 진리와 절대적 진리요?

선생님‥ 네, 두 개념의 차이를 볼까요? 제가 돌을 하늘로 던지면 과연 다시 땅으로 떨어지냐고 물었지요? 제가 왜 이 질문을 했는지 혹시 눈치챈 학생 없을까요?

학생‥ 혹시 무중력 상태의 우주 공간에서 돌을 던지면 땅으로 떨어지지 않고 계속 던진 방향으로 날아가는 상황을 이야기하시는 건가요?

선생님·· 그렇지요. 엄밀하게 이야기하자면, 돌멩이를 어떤 상황에서 어떤 방식으로 투척하느냐에 따라 상황은 달라집니다. 먼 옛날 사람들은 돌멩이를 하늘로 던지면 다시 땅으로 떨어진다는 주장이 만고불변의 진리라고 여겼을 겁니다. 지구의 중력을 이겨내고 우주 공간으로 날아갈 만큼 돌멩이를 세게 던질 방법도 없었고, 뉴턴이 중력의 법칙을 발견하기 전이었으니까요. 그렇기 때문에 당시에 돌멩이를 하늘로 던지면 다시 땅으로 떨어진다는 이야기는 딱히 틀린 것도 아닙니다. 정확하게 이야기하자면 (지구를 탈출할 만큼 세게 던지지 않는다는) 특정한 조건에서는 진리인 것이지요. 이렇게 특정한 조건에서 진리인 것을 '상대적 진리'라고 합니다. 그런 맥락에서 보면 지구를 우주의 중심으로 설정하고 천체의 움직임을 설명했던 천동설 역시 상대적 진리였던 거고요.

하지만 인간은 이론과 실천의 긴장과 모순 속에서 끊임없이 이론을 정교하게 수정하며 변증법적 과정을 통해서 더 높은 수준의 지식 단계로 나아갑니다. 과학이 발전하면서 뉴턴이 중력의 법칙을 발견했고, 더 나아가 우주 공간에는 무중력 상태가 존재함을 알게 되었지요. 그래서 (중력 같은) 외부의 힘이 작용하지 않는 경우 물체는 자신의 운동 상태를 그대로 유지한다는 사실을 알게 되었

정확히 말하자면 천동설은 지구를 중심으로 천체의 운동을 기술한 것이고 지동설은 태양을 중심으로 천체의 운동을 기술한 것으로, 둘 다 상대적 진리의 성격을 갖는다. 어떤 각도에서 평가하느냐에 따라 둘 다 옳다고 할 수도 있고, 동시에 둘 다 틀렸다고 할 수도 있다. 진리를 절대적 측면과 상대적 측면에서 인식하는 것에 도달하기까지 인류는 끊임없는 '이론'과 '실천'의 변증법적 과정을 거쳐왔다.
다른 대상에 주목해 우주에서 찍은 두 장의 사진. 2014년 1월 허블우주망원경으로 미국이 촬영한 우주 은하단의 모습(위), 2019년 10월 북극성-3형에 부착된 카메라로 북한이 촬영한 지구의 모습(아래). ⓒ NASA, 연합뉴스/조선중앙통신.

습니다. '관성의 법칙'이지요. 지구에서 돌멩이를 하늘로 던졌을 때 다시 땅으로 떨어지는 이유는 지구와 돌멩이가 서로를 당기는 중력이 작용하기 때문입니다. 이렇게 인류는 한 차원 높은 단계의 진리에 도달하게 되었습니다. 하지만 뉴턴의 역학 법칙도 '절대적 진리'는 아니었습니다.

　뉴턴이 살던 시기보다 과학이 더욱 발달하면서, 빛의 속도에 가까울 정도로 빠르게 움직이는 물체에서 일어나는 현상을 연구할 수 있게 되었습니다. 실험 과정에서 뉴턴 역학의 예측과 실험 결과가 잘 맞지 않음을 깨닫게 되었지요. 일부 과학자는 실험에 오류가 있다고 생각했습니다. 그만큼 뉴턴 역학이 만고불변의 진리, 즉 절대적 진리라고 여겨졌으니까요. 하지만 아인슈타인은 실험이 잘못된 게 아니라 뉴턴의 역학 법칙에 오류와 한계가 있다는 사실을 밝혀냈습니다. 그 과정에서 빛의 속도에 가깝게 움직이는 물체에서 일어나는 현상을 꽤 정확히 예측할 수 있는 '상대성이론'을 발견한 것입니다. 뉴턴 역학 역시 '상대적 진리'였으며 이론과 실천의 변증법적 과정을 통해 더 높은 진리(상대성이론)로 상승했지요.

학생‥　아! 그런 맥락에서 돌을 하늘로 던지는 것에 대해 질문하셨군요. 저는 그런 의도도 모르고 궤변론자라고 했네요.

선생님‥　하하. 그다지 신경 안 쓰니까 걱정하지 마세요.

학생·· 이론과 실천의 모순이라는 변증법적 과정을 통해서 우리는 더욱 높은 단계의 진리로 나아가고 있군요. 절대적 진리에 한 걸음씩 다가가고 있고요. 이런 것도 명쾌하게 설명할 수 있다니 변증법이 참으로 신기하네요.

선생님·· 관념론자들은 진리가 인간이 절대로 파악할 수 없는 피안彼岸의 세계에 존재한다고 하지요. 진리를 참-거짓이라는 이분법(형이상학)으로 파악하면 봉착하게 되는 필연적 결과입니다. 진리에 다다를 수 없으니 허무주의나 염세주의 혹은 숙명론에 빠지거나 가공의 존재(신)에 의존하게 되고요. 그런 이유로 관념론은 보수적 성격을 띠기 쉽습니다. 반면 변증법적 유물론 철학에서는 진리가 살아서 꿈틀꿈틀합니다. 끊임없는 이론과 실천의 '정-반-합'을 통해 우리는 한 걸음씩 절대적 진리의 방향으로 나아가고 있습니다. 그에 맞춰 인간 사회도 진보하는 것이지요.

생각해봅시다

/

◦ 진리 인식 과정에서 실천의 역할에 대해 이야기해봅시다.

◦ 감성적 인식과 이성적 인식의 차이를 이야기해봅시다.

◦ 이론과 실천의 변증법적 과정에 대해 이야기해봅시다.

◦ 절대적 진리와 상대적 진리에 대해 이야기해봅시다.

세상에서
가장 쉬운
임승수의
철학+생각
강의

새로 쓴
원숭이도
이해하는
마르크스
철학

← 변증법적 유물론
→ 역사 유물론

인간의
역사에도
법칙이 있다

역사
유물론이란
무엇인가?

강의 주제

변증법적 유물론으로 본 인간의 역사

계급투쟁

존재와 의식의 관계

역사를 바라보는 관점의 차이

물질적 조건과 사회적 의식의 관계

선생님‥ 지난 강의까지 '변증법적 유물론'을 공부했습니다. 오늘부터는 '역사 유물론'을 공부하겠습니다. 변증법적 유물론도 그랬지만 역사 유물론 역시 친숙한 개념은 아닐 텐데, 차근차근 공부해봅시다. 역사 유물론은 한마디로 '변증법적 유물론으로 바라본 역사의 풍경'이라고 이야기할 수 있습니다. 그래서 변증법적 유물론을 먼저 알아야 역사 유물론을 제대로 이해할 수 있습니다. 변증법적 유물론이 역사 유물론의 선수 과목인 셈이지요. 선수 과목은 끝냈으니 이제 후반부 여섯 번의 강의에서 역사 유물론을 공부합니다.

미리 말해두자면, 역사 유물론을 통해 우리는 궁극적으로 마르크스의 역사 발전 법칙을 배웁니다. 역사 발전에 법칙이 있다고 하니 생소할 수 있겠지만, 저는 역사 유물론이야말로 마르크스의 가장 위대한 지적 유산이라고 생각합니다. 개인적으로 역사 유물론을 이해하고 나서, 머릿속에 고속도로가 뚫린 것 같았어요. 엉망으로 꼬여 있던 퍼즐 조각이 단번에 맞춰지는 느낌이랄까요. 여러분도 그런 경험을 해보면 좋겠네요. 이제 본격적으로 시작하겠습니다.

학생·· 네, 후반전 시작이네요. 기대하겠습니다.

변증법적 유물론으로 본 인간의 역사

선생님·· 우선 마르크스의 역사관이 잘 드러난 《공산당 선언》의 강렬한 문장으로 시작해볼까요? 이 짧은 문장 하나에 역사 유물론의 핵심이 담겨 있기 때문에 먼저 살펴보도록 하겠습니다.

지금까지 모든 사회의 역사는 계급투쟁의 역사다.

계급투쟁이라는 단어를 보고 '역시 마르크스와 엥겔스는 과격해'라고 생각할지도 모르겠네요. 그런데 여기서 이야기하는 계급투쟁은 여러분이 상상하는 분위기와는 약간 맥락이 다릅니다. 과연 무슨 의미일까요?

먼저 계급class이란 군대의 병장이나 이등병 같은 지위rank를 의미하는 단어가 아닙니다. 노예제 사회에는 노예 계급과 노예주

계급이 존재했습니다. 봉건사회에는 영주(지주) 계급과 농노(소작인) 계급이 있었지요. 자본주의사회에는 노동자계급과 자본가계급이 있습니다. 이렇게 기존의 인간 사회는 경제 영역에서의 역할 및 신분이 명확하게 갈리는 인간 집단으로 나눌 수 있습니다. '계급'이란 바로 이러한 종류의 인간 집단을 일컫는 단어입니다. 노예주, 영주, 자본가 등은 생산수단을 소유하고 있지만, 노예, 농노, 노동자는 생산수단을 소유하고 있지 못합니다. 사회마다 '계급'이 선명히 나뉘지요. 그들은 함께 존재하면서 동시에 갈등하고 투쟁합니다.

다음으로 '역사'란 인간 사회의 시간 속 '변화'를 의미합니다. 인간 사회가 예전이나 지금이나 큰 변화가 없다면 역사라는 개념은 성립하지 않겠지요. 과거와 현재의 사회 모습이 다르고 현재와 미래의 사회 모습이 다르리라 예상하기 때문에 역사가 성립합니다. 요컨대 사회의 '변화'야 말로 역사의 핵심입니다.

자, 그렇다면 무엇이 사회의 변화를 가져올까요? 마르크스는 사회 '내부'에 존재하는 '계급' 사이의 '모순과 갈등'이 사회의 변화를 가져온다고 보았습니다. 사회 구성원 사이에 아무런 모순과 갈등이 없다면, 다시 말해 서로가 문제없이 사이좋게 지내면 사회에 그 무슨 변화가 있겠습니까? 이해관계가 충돌하는 계급 사이에 서로를 극복하기 위한 '투쟁'이 벌어지고 그 결과 사회가 변화한다는 것입니다.

학생·· '지금까지 모든 사회의 역사는 계급투쟁의 역사다'라는 짧은 문장에 그런 의미가 담겨 있군요. 설명을 듣기 전에는 단순히 순진한 사람 선동하는 내용일 거라고 생각했거든요. 솔직히 《공산당 선언》이라는 제목은 좀 부담스럽잖아요. 그런데 인간 사회를 구성하는 계급 사이의 모순과 갈등에 의해 사회가 변화하고 발전했다는 이야기로 글을 시작한 거군요.

선생님·· 그렇습니다. 예컨대 유럽에서 봉건사회가 자본주의사회로 이행할 때에도 기존의 봉건영주 계급과 새로 등장한 부르주아 계급(상공업자) 사이의 모순과 갈등이 변화의 핵심 원인이었습니다. 이들 사이의 투쟁이 혁명적 상황으로 이어졌고, 부르주아계급이 승리하면서 봉건사회가 자본주의사회로 이행하는 사회 변화가 실현된 것입니다. 이것이 마르크스가 인간의 역사를 '계급투쟁의 역사'라고 말한 이유입니다. 여러분은 이미 모순을 변화 발전의 원동력으로 파악하는 변증법을 배웠으니 무슨 말을 하는 건지 이해하기 어렵지 않으리라 생각합니다.

학생·· 흠, 변증법이 무슨 만병통치약 같습니다. 적용되지 않는 부분이 없으니까요. 어쨌든 역사를 변증법적으로 본다는 의미는 대략 알겠습니다. 저도 역사를 공부하면서 인간 사회가 꾸준히 변화하고 발전해왔다는 느낌을 받았거든요. 인류는 단순하고 미개

한 사회로부터 복잡하고 문명화된 사회로 변화 발전했지요. 그 과정에서 계급 사이의 모순과 갈등이 중요한 역할을 했을 것 같다는 생각도 듭니다.

그런데 역사를 변증법적 유물론으로 본 풍경이 역사 유물론이라고 하셨는데, 아직 역사를 유물론적으로 파악한다는 것이 무슨 뜻인지 모르겠네요. 유물론은 우리 외부에 물질이 객관적으로 존재하며 물질이 세상의 근원이라는 세계관인데, 이것이 역사와 무슨 상관이 있지요?

학생·· 저도 궁금한 게 있어요. 마르크스의 역사 유물론은 곧 역사 발전 법칙이라고 하셨는데요. 역사라는 장대한 시나리오도 결국 인간 개개인의 활동이 모여서 형성되잖아요. 만 명의 사람들이 있다면, 만 가지 생각이 있을 겁니다. 생각이 똑같은 사람은 아무도 없잖아요. 생각도 다르고 행동도 제각각이지요. 좋아하는 음식도 다르고, 직업도 다양하고, 성격도 달라요. 이렇게 다양한 성격, 취향, 동기를 가진 사람들이 제멋대로 사는 상황을 관찰하면, 그어떤 규칙성이나 법칙성도 발견할 수 없을 것 같거든요. 사람마다 각자의 생각대로 행동하는데, 그 제멋대로의 행동이 쌓이고 쌓여서 우연히 사회가 변화한 것은 아닐까요?

저는 역사가 그저 우연에 의한 결과물이라고 생각합니다. 역사의 발전에 법칙이 존재한다니 믿기 어렵네요. 법칙이 존재하기에는 변수가 너무 많은 게 인간의 역사라고 생각합니다.

선생님·· 강의를 본격적으로 시작하기도 전에 엄청난 질문을 쏟아 내는군요. 그럴만해요. 저도 마르크스 철학을 공부하기 전에는 학생들과 똑같이 생각했으니까요. 인간이 하늘로 힘껏 던진 돌멩이는 제아무리 용을 써봐야 다시 땅으로 떨어집니다. 누가 뭐라 하든지 물은 1기압일 때 섭씨 0도에서 얼고요. 어떤 돌멩이는 땅으로 떨어지기를 거부한다든지, 어떤 물은 섭씨 0도에서 얼음이 되기를 거부한다든지 하는 일은 없지요. 하지만 의지를 가진 인간은 돌이나 물 같은 무생물과는 다릅니다. 동일한 상황에서도 사람마다 판단과 행동이 다르지요. 똑똑하다고 생각했던 사람이 때로는 어처구니없는 실수를 합니다. 아무것도 모르는 것처럼 보였던 사람이 영웅적인 모습을 보이는 경우도 있지요. 종잡을 수 없는 존재입니다. 이렇게 우연성과 다양성이 난무하는 인간 사회에서 법칙성을 발견한다는 것은, 마치 하늘에서 별을 따는 것처럼 불가능해 보일 수 있지요.

앞으로 역사 유물론을 공부하면서 여러분이 쏟아낸 질문의 답을 금세 발견할 겁니다. 무슨 이야기부터 해보면 좋을까요? 역시 창밖의 나무가 좋겠어요. 여러분! 저기 창밖의 나무가 다 보이지요?

학생·· 선생님, 자주 나무 이야기를 하시네요. 당연히 보이지요.

선생님·· 진짜 여러분 모두가 다 보이나요?

학생들·· 네!

선생님·· 이야! 우리는 모두 같은 의식을 가지고 있는 거예요. 저 창밖에 나무가 있다는 사실 말이에요. 모두가 별개의 사람임에도 불구하고, 우리는 창밖에 나무가 있다는 의식을 '공통적으로' 가지고 있습니다. 어떻게 이런 현상이 벌어졌을까요?

학생·· 창밖에 진짜로 나무가 존재하니까 모두 그 사실을 아는 것이지요.

학생·· 어? 잠깐만요. 왠지 선생님이 그 질문을 하신 이유를 알 것 같아요.

선생님·· 여기 눈치 빠른 친구가 한 명 있네요. 왜 제가 그런 질문을 했는지 한 번 이야기해볼래요?

학생·· 유물론 철학은 우리가 감각기관을 통해서 얻는 정보가 외부에 객관적으로 존재하는 사물이나 현상을 반영한다고 보잖아요. 우리 모두 동일한 환경에서 살면 외부로부터 동일한 감각 정보를 얻게 됩니다. 우리가 같은 교실에 있으니 창밖의 나무를 동일하게 볼 수 있는 것처럼, 예컨대 마을 동쪽에 우물이 있으면 마을 사람들은 누구나 물이 필요할 때 동쪽으로 가야겠다고 생각하겠지요. 이런 식으로 비슷한 환경에서 사는 사람들은 의식도 비슷해지지 않을까 하는 생각이 번뜩 들었습니다.

선생님·· 학생 참 똑똑하군요. 놀랐어요. 사실 학생이 방금 한 말이 역사 유물론을 이해하는 핵심이거든요? 전공이 뭔가요?

학생·· 헤헤. 전자공학인데요?

선생님·· 공대생은 미적분 푸느라 그런 생각을 할 여유가 없을 줄 알았는데, 의외네요? 하하. 공대생 무시한다고 기분 나쁘게 생각하지 마세요. 알다시피 저도 대학 때 전공이 전자공학이랍니다.

학생·· 알고 있어요. 수업 듣기 전에 저는 당연히 가르치는 사람이 인문이나 사회과학 쪽 전공일 거라고 예상했는데, 저랑 전공이 같아서 신기했어요. 약간의 동질감도 느끼고요.

선생님·· 하하. 많이들 그렇게 생각하지요. 다시 본론으로 돌아가서, 마르크스의 유명한 문장을 하나 더 소개하겠습니다.

존재가 의식을 규정한다.

학생·· 존재? 의식? 좀 아리송하네요.

선생님·· 《정치경제학 비판을 위하여》에 나오는 말인데, 좀 어렵지요? 조금 전에 학생이 이야기한 우물 있는 마을의 예로 설명하면 좋겠네요. 이 마을 사람들은 목이 마르면 동쪽으로 가서 우물물을 마시면 된다는 '의식'을 가지고 있습니다. 왜냐면 우물이 동쪽에 있으니까요. 여기서 '존재'는 동쪽에 우물이 있는 마을에서 살고 있다는 사실 그 자체지요. 마을 동쪽에 우물이 있는 마을에서 살고 있다는 '존재'의 양식이, 목이 마르면 동쪽 우물로 가서 물을 떠먹으면 된다는 '의식'을 규정하는 것입니다. 마을 동쪽에 우물이 없다면 목마를 때 마을 동쪽으로 가자고 생각하지 않았을 테니까요.

다른 예를 들어볼까요? 노예제 사회가 좋겠군요. 알다시피 노예제 사회는 소수의 노예 주인이 다수의 노예를 부려서 생산이 이루어집니다. 그리스나 로마 같은 고대 국가에는 많은 노예가 존재했지요. 대다수 노예는 자신이 노예라는 사실에 비관하고 분노했습니다. 특별한 경우가 아닌 한 자신의 자유를 속박당하는 노예 신분을 기꺼이 받아들이는 사람은 없지요. 그렇게 많은 노예가 있으니 생각이 다양할 법도 한데 (100%라고 할 수는 없겠지만) 대부분 자신의 노예 신분에 불만이 있다는 말이지요. 일반적으로 100명의 사람이 있으면 100개의 생각이 있을 거라고들 하는데, 이 경우 수많은 노예 대부분은 공통된 의식을 공유하고 있습니다. 노예의 삶은 지긋지긋하다는 '의식'을 말이지요. 어떻게 이들 대부분이 같은 생각을 공유하게 되었을까요?

학생·· 그거야 노예들이 모두 비슷한 처지에 놓여 있으니까 그렇지요. 섬기는 주인의 성격에 따라서 정도의 차이는 있겠지만, 자유를 빼앗기고 주인의 명령대로 일하며 주는 대로 먹어야 하는 처지는 크게 다르지 않잖아요. 그렇게 비슷한 '존재' 양식이 비슷한 '의식'을 낳는다고 이야기하시는 것이지요?

선생님·· 제가 하려던 말을 학생이 다 해버렸군요. 일반적으로 사람은 개인마다 개성이 있고 생각도 다르게 마련입니다. 각자 살아온 삶의 궤적도 다르고 주변 환경도 다르니까요. 그렇기 때문에 수많은 사람이 모여서 만들어나가는 역사에 어떤 법칙이 존재한다고 생각하기가 힘들지요. 자연과학이나 공학 전공자는 경제학이나 사회과학 같은 학문을 '과학'이라고 생각하지 않는 경향이 있어요. 법칙이 존재하기에는 너무나도 변수가 많으니까요. 하지만 이들이 놓치는 지점이 있습니다. 바로 같은 사회에 속한 사람들 사이에는 의외로 비슷한 구석이 굉장히 많다는 점이지요.

자본주의사회를 한 번 볼까요? 대다수의 사람이 노동자로 살아갑니다. 노동자는 자본가에게 노동력을 제공하고 임금을 받아서 생활하는데, 노동력을 자본가에게 판매하지 못하고 실업자가 되면 경제적으로 큰 곤란을 겪습니다. 그런 이유로 자본주의사회에서는 사람들이 어떻게든 일자리를 구하기 위해 엄청나게 노력하지요. 취직하기 위해 학점 잘 받고 스펙 잘 쌓아야 한다는 '의식'이 형성된 기저에는, 노동력을 판매하지 못하면 생계를 유지하기 어려운 자본주의의 '존재' 양식이 있는 것이지요. '존재가 의식을 규정'한 결과입니다.

이렇게 사회 구성원이 함께 공유하는 의식을 '사회적 의식'이라고 합니다. 사회 구성원 대다수가 '사회적 의식'을 공유하는 이유는 그들이 놓인 환경이 동일하기 때문입니다. 노예로 사니까 노예 의식이 형성되고 노동자로 사니 노동자 의식이 형성되는 것이지요.

존재가 의식을 규정한다

학생·· 사람의 의식은 자신이 살아가는 시대와 사회의 영향을 벗어날 수 없겠군요. '존재가 의식을 규정한다'는 문장은 그런 맥락에서 확실히 유물론이네요. 사회 구성원의 의식이 자신들의 존재 양식에 따라 규정되니까요.

"서는 데가 바뀌면 풍경도 달라지는" 이유는 "존재가 의식을 규정"하기 때문이다.
《송곳》(최규석 지음, 창비, 2015)의 한 장면. ⓒ 최규석 / 창비

학생·· 존재가 의식을 규정한다는 이야기는 얼추 이해가 됩니다. 하지만 역사를 유물론적으로 보는 것이 어떤 것인지는 아직 잘 모르겠어요. 역사를 관념론적으로 보는 것과 유물론적으로 보는 것의 차이를 쉽게 알 수 있을까요? 구체적인 예를 들어주시면 이해에 도움이 될 것 같아요.

선생님·· 예를 들어서 설명해볼까요? 자! 여기에 역사 연구자들이 있습니다. 프랑스혁명 연구자라고 가정하지요. 알다시피 프랑스혁명은 중세 봉건귀족 사회를 무너뜨리고 근대 자본주의사회를 여는 중요한 계기였어요. 그런데 프랑스혁명을 연구할 때 연구자의 역사관에 따라 연구 방법이 다를 수 있습니다.

한 역사학자가 영웅과 위인의 중요한 행위를 통해 역사가 발전한다고 생각합니다. 이 학자는 어떤 방식으로 프랑스혁명을 연구할까요? 자연스럽게 큰 역할을 했던 인물 중심으로 연구합니다. 로베스피에르, 당통, 나폴레옹 같은 사람들의 성장 과정, 사상, 행적 그리고 주변 인물과의 관계 등을 통해 프랑스혁명을 분석하지요. 이 역사학자에게 프랑스혁명이란 로베스피에르, 당통, 나폴레옹 같은 사람들을 빼고는 설명할 수 없는 현상입니다. 만약 이들이 없었다면 프랑스혁명도 없었을 것이라고 생각할 정도겠지요. 역사를 영웅과 위인들이 만들어간다고 생각하니까요.

앞서 '존재가 의식을 규정한다'고 했는데, 그러한 시각에서 보면

이 역사학자는 거꾸로 위인과 영웅의 의식이 존재를 규정한다고 보고 있습니다. 인과관계로 따지자면 로베스피에르, 당통, 나폴레옹이 영웅적 '의식'을 가지고 행동했으니 프랑스혁명이라는 '현실(존재)'이 펼쳐진 것이지요. 의식이 원인이 되고 존재가 결과가 되는 겁니다. 의식이 존재를 낳는다? 유물론자인 마르크스의 주장과 비교하면 거꾸로 된 것입니다. 즉, 이 역사학자의 견해는 관념론입니다. 의식이 존재에 우선하니까요.

오해하지 마세요. 로베스피에르나 당통, 나폴레옹 같은 위인의 역할이 중요하지 않다는 이야기를 하려는 게 아닙니다. 하지만 역사 유물론의 관점에서 보면 위인과 영웅의 의식과 사상 또한 시대와 주변 환경의 결과물이라는 점을 이 역사학자는 놓치고 있습니다. 위인과 영웅이 혁명 의식을 갖게 만든 시대의 물질적 조건을 인과관계의 원인으로 고려하지 않았다는 말입니다. 만약 로베스피에르, 당통, 나폴레옹이 없었다면 어땠을까요? 시대 상황상 그와 비슷한 의식을 가진 또 다른 인물이 등장했을 겁니다. 로베스피에르, 당통, 나폴레옹이 가진 의식은 개인적 의식을 넘어선 '사회적 의식'이었기 때문이지요.

당시 서양에서는 상공업이 급속도로 발전하면서 기존의 봉건적 사회 시스템이 상공업자의 이익에 걸림돌이 되는 상황이었지요. 자유로운 상공업 활동이 가능하기 위해서는 낡은 신분제를 타파하고 법과 제도를 완전히 바꿔야 했습니다. 그렇기 때문에 사회 변화를 요구하는 세력이 강력하게 존재했지요.

이런 분위기 속에서 기존 사회를 전복하고 혁명해야 한다는 주장이 공감을 얻을 수 있었으며 그 과정에서 주요한 역할을 한 이들이 위인과 영웅이 될 수 있었습니다. 사회적 의식을 공유한 무리 가운데서 로베스피에르, 당통, 나폴레옹이 선택된 것이지요.

특정한 '사회적 의식'이 형성되기 위해서는 그러한 의식을 낳는 물질적 환경과 조건이 앞서 존재해야 합니다. 알다시피 유물론 철학에서 '의식(관념)'이란 원인이 아니라 결과물이기 때문이지요. 그렇게 보면 위인과 영웅의 신념과 의지, 행동력으로 역사를 설명하는 시도는 과학적이지 않습니다. 그런 의식을 낳은 물질적 환경과 토대를 건너뛰고 특정인의 사상과 의식만으로 사건을 설명하니까요.

학생‥ 역사를 위인들이나 영웅들의 업적을 나열한 것으로 생각했는데요. 그건 관념론적 입장이었군요. 그렇다면 유물론적 관점에서는 프랑스혁명을 어떻게 연구하나요?

선생님‥ 프랑스혁명에서 공화주의를 주장하는 신흥 자본가계급과 봉건귀족 계급이 충돌했다는 것은 주지의 사실이지요. 봉건귀족들은 신분제 사회를 계속 옹호하려는 '의식'을 가지고 있었고, 신흥 자본가계급은 낡은 신분제 사회를 폐기하고 민주적인 공화정을 세우려는 '의식'을 가지고 있었습니다. 두 계급 사이의 갈등은 표면적으로는 '의식' 대對 '의식'의 갈등이지요. 관념론자라면 신분제와 공화주의의 충돌이라는 이 두 의식의 갈등을 연구하는 데에 방점을 찍겠지요. 공화주의와 귀족정의 충돌! 이런 식으로요.

하지만 유물론자는 '존재가 의식을 규정한다'는 사실을 잊지 않습니다. 봉건귀족과 신흥 자본가의 의식을 낳은 구체적 존재 조건을 살펴봐야 합니다. 물질로 이루어진 생명체의 가장 중요한 과제는 결국 먹고사는 것이지요. '경제'라는 말이 거창해 보이지만, 결국 인간이 먹고사는 문제를 조금 고상하게 부르는 용어일 뿐입니다. 프랑스혁명 시기에 귀족들은 왜 신분제를 유지하려고 할까요? 신분제가 귀족들의 먹고사니즘과 긴밀하게 얽혀 있기 때문입니다.

봉건귀족은 장원이라 불리는 대토지를 소유했습니다. 이 토지에 속박된 농노들이 바치는 지대地代로 먹고살았지요. 봉건적 신분제는 이러한 귀족들의 먹고사니즘을 정당화시키는 사회 기제였습니다. 자기는 귀족이니까 장원을 보유하는 게 당연하다는 것이지요. 봉건귀족이 신분제를 유지하려는 '의식'은, 신분제를 통해 지주-농노 관계를 유지하며 부를 축적하는 그들의 '존재' 양식에 기인한 것입니다. 물질적 토대가 그들의 의식을 규정한 것이지요.

신흥 자본가계급은 왜 공화주의를 주장할까요? 역시 그들의 먹고사니즘을 들여다보아야 합니다. 자본가가 돈을 벌려면 노동자를 고용해야 합니다. 그런데 사람들이 대부분 귀족의 토지에 농노로 묶여 있습니다. 농노가 신분적 속박에서 해방되어야 자본가는 노동자를 구하기 쉽습니다. 게다가 귀족들이 봉건적 신분 질서를 빌미로 상공업에 가하는 이런저런 규제들이 장사에 방해가 되고요. 자본가계급이 민주적 공화정을 세우려는 '의식'을 갖게 된 기저에는, 노동자를 고용해 자유롭게 이윤을 추구하려는 자신들의 '존재' 양식이 있었습니다. 이러한 시대적 분위기가 혁명 과정에서 중요한 역할을 담당한 위인이나 영웅의 의식에도 반영된 것이고요.

물질적 조건에서 출발하는 사회적 의식

학생·· 사회적 의식을 낳은 유물론적인 토대, 즉 존재 양식을 연구하는 게 역사를 유물론적으로 연구하는 자세군요. 이 강의의 앞부분에서 왜 그렇게 유물론과 관념론을 집중적으로 다뤘는지 이제야 비로소 알겠습니다. 의식(관념)을 우선하느냐 존재(물질)를 우선하느냐에 따라 인간의 역사를 바라보는 관점(역사관)도 확연히 갈리는군요. 흥미롭네요.

학생·· 저는 지금까지 역사를 단지 위인의 업적을 모아 놓은 것이라고만 생각했어요. 서기 몇 년에 누가 뭘 했는지 외우느라 지쳐서 재미도 없었고요. 그런데 역사를 이렇게 색다른 관점에서 볼 수 있다는 것이 신기하네요.

선생님 아직 역사 유물론을 제대로 시작하지도 않았는데, 반응이 뜨겁군요. 앞으로의 강의가 기대되지요? 그러니까 수업 빠지지 마세요.

청년 시절 마르크스와 그의 '동지' 엥겔스를 묘사한 그림. 그들은 물질세계의 기원과 작동 원리, 인간의 역사, 자본주의사회의 현실과 그 이후의 모습에 대하여 과학적으로 파악하고자 철학, 정치경제학, 역사, 예술, 현실 정치, 언론 등 다양한 분야를 열심히 연구했다. 또한 자신들이 발 딛고 있는 세상을 변화시키는 활동에 적극적으로 참여했다.

생각해봅시다

- 역사를 변증법적 유물론의 관점에서
  본다는 것은 어떤 의미일까요?
- '존재가 의식을 규정한다'는 말의 의미에 대해서 이야기해봅시다.
- 역사에도 법칙이 존재할 수 있는지에 대해서 이야기해봅시다.

역사 발전의 핵심변수 찾기
생산력과 생산관계

강의 주제

- 다양한 존재 양식 중 핵심변수 찾기
- 노동의 의미
- 생산력, 생산수단, 생산관계, 생산양식의 뜻
- 생산력과 생산관계의 모순이
  역사 발전에 끼치는 영향

선생님‥ 지난 시간에 역사 유물론 공부를 가볍게 시작했는데요. 기억하겠지만, '존재가 의식을 규정한다'는 명제가 역사 유물론의 핵심을 함축하고 있습니다. '존재'와 '의식' 중에 '존재'가 원인이고 '의식'이 결과인 이상, 역사를 과학적으로 규명하기 위해서는 '의식'의 배후에 작용하는 '존재'의 '양식'을 파악하는 게 주요 과제가 되겠지요.

지금까지의 수업 내용을 잘 숙지했다면 여기까지는 쉽게 이해할 텐데요. 이제 새로운 문제를 하나 생각해봅시다. 사실 우리 주위에는 '존재' 양식이라고 부를 만한 것이 너무 많습니다. 어촌에서 물고기가 많이 잡힌다든지, 제주도는 바람이 많이 분다든지, 나일강 주변의 토지가 비옥하다든지, 동남아시아는 비가 많이 온다든지, 가야에는 철광석이 많았다든지 등등. 인간이 사는 곳이라면 그 어디에나 의식에 영향을 끼칠 만한 다양한 환경적 요인과 삶의 방식이 존재하지요. 그렇다면 특정 사회나 그 사회의 역사를 연구할 때 다양한 '존재' 양식을 빠뜨리지 않고 일일이 다 고려해야 할까요?

학생·· 모든 환경적 요인을 고려해 사회와 역사를 연구하는 것은 불가능하지 않을까요? 변수가 너무 많으니까요.

선생님·· 학생 말처럼 불가능하겠지요. 고려해야 할 변수가 수백만 가지도 넘을 테니까요.

학생·· 마르크스는 그렇게 변수가 많은 상황에서 어떻게 역사 발전 법칙을 발견할 수 있었나요?

선생님·· 이해를 돕기 위해서 수식으로 예를 드는 것이 좋겠네요.

학생·· 또 수식이요? 전 수식이라면 경기 일으켜요. 역사와 철학을 이야기하는 데 왜 수식이 나오는지요….

선생님·· 하하. 여러분이 직관적으로 쉽게 이해할 수 있도록 수식을 활용하는 것이니 이해해주세요. 자, 아래의 식을 봅시다.

$$f(x) = x^{10} + x + \frac{1}{x} + \frac{1}{x^5} \ (x > 2)$$

이 식은 x에 대한 함수지요. x는 2보다 큰 실수라는 단서 조항도 있지요? 위 식의 함숫값을 계산할 때는 x^{10}, x, $\frac{1}{x}$, $\frac{1}{x^5}$, 이렇게 네 개의 항을 더해서 구합니다. 그리 어렵지 않지요?

학생·· 뭐, 그 정도는 알고 있습니다.

선생님·· 함숫값 $f(x)$를 구할 때, x가 2보다 큰 실수의 범위에서 네 개의 항 x^{10}, x, $\frac{1}{x}$, $\frac{1}{x^5}$ 중에 어느 항이 함숫값에서 비중이 클까요?

학생·· 당연히 x^{10}입니다. 2를 10번만 곱해도 1,024가 되니까요. x, $\frac{1}{x}$, $\frac{1}{x^5}$ 항은 x^{10}에 비해서 그 값이 매우 작습니다. 특히 $\frac{1}{x}$, $\frac{1}{x^5}$ 은 1보다 작은 수가 나오니까 거의 무시해도 되는 수준이지요. 그런데 이것과 역사 유물론이 무슨 상관이 있지요?

존재 양식 중에서 역사의 핵심변수 찾기

선생님·· 이게 다 여러분의 이해를 돕기 위한 것이니 조금만 참아주세요. 만약 함숫값 $f(x)$의 근사치를 빠르게 계산하려면 x, $\frac{1}{x}$, $\frac{1}{x^5}$ 항들은 빼고 x^{10}만 계산해도 되겠지요. 마르크스의 역사 발전 법칙 역시 비슷한 맥락입니다. 인간 사회의 다양한 '존재' 양식 중에 핵심적인 요소, 그러니까 위의 식으로 비유하자면 x^{10}에 해당하는 요소를 중심으로 현상을 분석한다면 역사의 큰 흐름과 맥락을 잡아낼 수 있다는 겁니다.

또 다른 예를 들어보지요. 고등학교 물리 시간에 지면으로부터 일정 높이에 있는 물체가 자유낙하를 해서 지면에 닿을 때까지 걸리는 시간을 계산하는 문제가 나옵니다. 알다시피 물체의 자유낙하 시간은 다양한 요소로부터 영향을 받습니다. 공기로부터 받는 저항, 물체의 생김새, 해당 지역의 공기 밀도, 심지어는 달이 지구로부터 얼마나 가까운지 등등 여러 요소가 자유낙하 시간에 어느 정도 영향을 끼칩니다. 하지만 문제 풀 때는 중력가속도 하나만 활용해서 계산합니다. 그렇다고 모든 요소를 고려하지 않았으니 중력가속도만 고려해서 계산하는 것은 의미가 없다고 해야 할까요?

학생·· 아닙니다. 물체의 자유낙하 시간을 결정하는 핵심적인 요소는 중력가속도니까 대략적인 근사치를 구할 수 있지요.

선생님·· 역사 유물론도 마찬가지입니다. 인간의 의식 형성에 영향을 끼치는 다양한 존재 양식 중에서 핵심적인 요인을 토대로 현상을 분석하는 것이지요.

학생·· 아하! 그래서 저런 수식으로 설명하신 거군요. 그런데 역사 발전에서 결정적인 역할을 하는 핵심변수가 무엇인가요?

선생님·· 그것은 바로 '생산력'과 '생산관계'입니다. 오늘 여러분과 이야기할 주제이기도 하지요. 역시 생소한 개념들이지요? 차근차근 이야기를 진행해봅시다. 여러분이 생각하기에 인간의 삶에서 가장 중요한 일은 무엇인가요?

학생·· 그야 뭐, 먹고사는 문제 아닐까요? 먹고사는 것이 우선 해결돼야 문화 활동이나 다른 취미 활동이 가능하니까요.

선생님·· 그렇지요. 먹고사는 문제가 해결되지 않으면 인류는 멸망합니다. 마르크스의 영혼의 파트너 엥겔스는 "인간은 정치, 과학, 예술, 종교를 추구하기 이전에 무엇보다도 우선 먹고 마시고 거주하고 옷을 입지 않으면 안 된다"라고 말하기도 했어요. 그만큼 먹고사는 문제가 인간에게 중요하다는 것이지요.

　실제로 사람들 대부분은 생계 문제를 해결하기 위해서 인생의 많은 시간을 할애합니다. 학교 교육도 따지고 보면 먹고살 능력을 키워주는 거예요. 사람은 먹고살기 위해 '생산 활동'을 합니다. 농사를 짓고, 신발을 만들고, 집을 건설하는 것 모두 생산 활동입니다. 인류의 역사는 먹고사니즘의 역사라 할 수 있지요. '생산력'과

'생산관계'는 바로 이러한 생산 활동과 관련된 개념입니다.

학생·· 확실히 먹고사는 문제가 인간에게 근본적인 문제이긴 합니다. 먹고살려면 노동해야 하고요. 그렇다고 다람쥐 쳇바퀴 도는 것 같은 먹고사니즘이 역사 발전의 핵심변수라고 생각해본 적은 여태껏 없었는데요. 진짜 생산력과 생산관계라는 개념으로 역사의 발전을 설명할 수 있나요?

선생님·· 물론 가능합니다. 앞에서 변증법적 유물론을 공부한 과정을 떠올려보세요. 작은 벽돌을 하나씩 쌓았더니 어느덧 변증법적 유물론이라는 거대한 건축물이 됐잖아요? 역사 유물론도 비슷한 과정을 거치니 인내심을 가지고 차근차근 따라와주세요.

노동을 통해 생존하고 새로운 것을 창조한다

선생님·· 인간은 직립보행을 하면서 자유로운 두 손으로 노동을 해서 자신의 필요에 맞게 환경을 변화시키게 되었습니다. 인간을 여타 동물과 구별짓는 특징이 바로 노동이지요. 이렇게 자신의 의지대로 자연을 변형해서 새로운 것을 만들어내는 능력이 '생산력'입니다. 생산력을 구성하는 요소들은 다음과 같습니다.

생산력 = 노동력 + 생산수단

빵 만드는 과정을 생각해봅시다. 빵을 만들기 위해서는 제빵 기술을 보유한 노동자가 필요합니다. 이 제빵 노동자가 '노동력'에 해당합니다. 그리고 제빵에 필요한 원료와 기계가 있어야 합니다. 원료나 기계 등을 '생산수단'이라고 부릅니다. 생산수단은 다시 두 요소로 나뉩니다.

생산수단 = 노동대상 + 노동수단

노동대상은 문자 그대로 노동의 대상이 되는 원료 등을 일컫습니다. 노동수단은 공구나 기계처럼 노동의 수단이 되는 것이고요. 제빵에서는 밀가루가 노동대상이고 제빵 기계는 노동수단이지요.

학생·· 생산력은 알겠습니다. 생산관계는 뭔가요?

선생님·· 생산관계란 생산 활동에서 사람과 사람이 맺는 관계입니다. 예컨대 노예제 사회에서는 생산 활동에 참여하는 사람들이 노예와 노예주라는 신분으로 관계를 맺습니다. 노예제 사회의 '생산관계'는 '노예-노예주 관계'인 셈이지요. 노예는 가격이 매겨져서 노예주에게 물건처럼 팔립니다. 지시에 맞춰 말하는 도구처럼 부려지지요. 노예주는 노예가 열심히 일한 성과물을 '노예주'라는 지위를 통해 자신의 소유로 만듭니다. 노예제 사회에서는 노예를 부리면서 부를 축적한 '노예주'들이 사회를 지배하는 세력, 즉 지배계급입니다.

노예주-노예: 노예제 사회의 생산관계

봉건제 사회는 어떨까요? 중세 서양에서는 봉건영주가 대토지(장원)를 소유하고 농노들은 영주에게 토지를 빌려 생계를 유지했습니다. 농노는 빌린 땅(탁영지)을 경작해 자신과 가족의 생계를 유지하지만, 해당 토지에 대한 소유권은 영주에게 있어 토지를 임의로 처분할 수 없습니다. 농노는 일주일에 3일은 자신의 땅(탁영지)에서 일하지만, 나머지 3일은 직영지(영주가 직접 관리하는 땅)에 가서 일합니다. 기독교 사회였으니 일주일에 하루는 안식일이라는 명목으로 쉬었고요.

농노 입장에서는 탁영지에서 일하는 것과 직영지에서 일하는 것은 상황이 완전히 다릅니다. 직영지의 산출물은 영주에게 귀속되어 농노의 삶에는 별다른 도움이 안 되기 때문이지요. 영주는 이렇게 농노들을 동원해 일을 시켜서 재산을 축적합니다. 봉건제 사회에서는 토지를 소유한 영주가 지배계급이 되며, 다음과 같은 생산관계가 형성됩니다.

영주-농노: 봉건제 사회의 생산관계

자본주의사회는 어떨까요? 자본주의사회에서는 대다수 사람이 자신의 노동력을 자본가에게 판매해 생계를 유지합니다. 그들을 노동자라고 부르지요. 자본가는 회사나 공장 같은 생산수단을 소유한 사람입니다. 이들은 노동자를 고용해 정기적으로 임금을 지급하며 자신이 소유한 회사에서 일을 시킵니다. 생산된 상품을 시장에 팔아 이윤을 벌어들이지요. 노동자와 자본가는 서로의 필요(생계 유지와 이윤 획득)에 의해 근로계약을 맺습니다. 노동자는 정해진 시간 동안 근로를 제공하고 자본가는 약속한 임금을 지급하지요.

이렇듯 자본주의사회에서는 '자본가-노동자의 관계'를 통해 생산 활동이 이루어지는데, 이것을 '자본주의적 생산관계'라고 부릅니다. 부연하자면 자본주의사회에서 대다수 사람은 일자리를 얻지 못하면 경제적으로 어려운 처지에 놓입니다. 그런 이유로 노동자는 자본가와의 관계에서 상대적으로 을의 위치인 경우가 대부분이지요.

자본가-노동자: 자본주의사회의 생산관계

이렇듯 생산관계는 노예제, 봉건제, 자본주의를 구분하는 기준이 되는 매우 중요한 개념입니다.

생산력, 생산관계, 생산양식

선생님·· 여기서 꼭 짚고 넘어가야 할 내용이 있습니다. 바로 생산수단을 누가 소유하고 있느냐 하는 점이지요. 노예주-노예의 생산관계에서는 노예주가 생산수단을 소유하고 있습니다. 영주-농노의 관계에서는 영주가 생산수단을 소유하고 있고요. 자본가-노동자의 자본주의적 생산관계에서는 자본가가 생산수단을 소유합니다. 노예, 농노, 노동자는 생산수단을 소유하지 못하고요. 생산수단을 소유한 측이 해당 사회의 지배계급이 되고 생산수단을 소유하지 못한 측은 피지배계급으로 전락하지요. 이 내용은 나중에 '국가'를 다루는 부분에서 따로 자세히 다룰 기회가 있을 겁니다.

지금까지 설명한 생산력과 생산관계를 통틀어서 '생산양식'이라고 부릅니다.

생산양식 = 생산력 + 생산관계

'봉건제적 생산양식'을 생각해보지요. 봉건사회에서 생산력의

이전 시기와 비교할 수 없을 정도로 엄청난 규모인 자본주의적 생산양식은 기계와 공장으로 대표되는 생산력과 '노동자-자본가'라는 생산관계의 결합으로 성립한다. 자본주의 생산양식에서의 노동 실상에 대해 마르크스는 "단테가 그 광경을 보았더라면 그가 상상한 처참하기 짝이 없는 지옥의 광경도 여기에 미칠 수 없다는 것을 발견했을 것"이라고 표현했고(《자본론》), 전태일 열사는 "다 같은 인간인데 가난한 자는 부유한 자의 노예가 되고 거름이 된다"라고 절규했다(《전태일 평전》).

19세기의 기계제 대공업을 묘사한 그림(위), 한국 박정희 독재정권 시기의 노동 현실을 고발하는 투쟁 속에서 산화한 전태일 열사의 삶을 그린 영화 〈아름다운 청년 전태일〉의 한 장면(아래).

중심은 토지입니다. 사회 성원 대부분이 주로 농업 생산력에 기대어 먹고살았기 때문이지요. 그 때문에 토지 소유 여부를 중심으로 봉건적 생산관계가 형성됩니다. 토지를 소유한 영주가 있고 토지를 소유하지 못한 농노가 존재하지요. 요컨대 토지를 중심으로 한 농업 '생산력', 그리고 토지 소유 여부로 나뉘는 영주-농노의 '생산관계'가 어우러져 하나의 '봉건제적 생산양식'을 이루는 것이지요.

자본주의사회의 생산양식은 어떨까요? 자본주의사회에서는 봉건사회에서 볼 수 없었던 새로운 생산력이 등장합니다. 과학기술의 발전과 산업혁명으로 등장한 기계제 대공업이지요. 기계제 대공업이야말로 자본주의를 특징짓는 생산력입니다. 그리고 생산수단(공장 및 기계설비)을 소유한 자본가, 노동력을 판매해 생계를 유지하는 노동자가 등장합니다. 기계제 대공업이라는 생산력에 어울리는 노동자-자본가의 생산관계가 형성되는 것이지요. 바로 이 두 요소가 결합해 '자본주의적 생산양식'을 이룹니다.

학생··· 갑자기 생소한 개념이 쏟아지니 좀 어렵네요. 나중에 다시 복습해야겠어요. 이런 개념들이 마르크스의 역사 발전의 법칙을 배울 때 중요하다는 말씀이지요?

생산력과 생산관계의 모순과 역사의 발전

선생님·· 모순이 변화 발전의 원동력이라는 건 이미 알고 있지요? 역사의 변화 발전에서도 역시 모순 관계가 중요합니다. 인간 사회의 모순과 갈등 중에서도 가장 첨예한 것은 뭐니 뭐니 해도 먹고사니즘의 갈등이겠지요? 먹고사는 것만큼 중요한 게 없으니까요. 생산력, 생산관계, 생산양식은 다 먹고사는 것과 관련된 개념이지요. 역사 발전에서 중요한 역할을 하는 것은 바로 '생산력과 생산관계의 모순'입니다. 중요한 내용이니 한 번 함께 읽어보지요. 생산력과 생산관계의 모순!

학생들·· 생산력과 생산관계의 모순!

선생님·· 자세하게 설명하겠습니다. 봉건사회가 자본주의사회로 변화 발전하는 과정을 다시 한 번 예로 드는 것이 좋겠군요. 봉건사회 초기에는 토지를 통한 농업 생산력이 경제의 중심이었습니다. 간단한 생필품들은 직접 만들어서 썼으니 수공업이나 상업은 미미한 수준이었지요. 물론 수공업에 종사하는 장인들이 있었지만 저변이 넓지 않았습니다. 토지 소유를 중심으로 한 영주(지주, 귀족)-농노의 생산관계가 대세였지요. 농업 생산력과 영주-농노의 생산관계를 합쳐 봉건제적 생산양식을 형성했습니다.

그런데 시간이 흐르면서 기술이 발전하고 상공업 분야에 변화가 일어납니다. 매뉴팩처와 기계제 대공업이 등장하면서 상공업 생산력이 비약적으로 증가한 것입니다. 어느새 봉건적 농업 생산력을 훌쩍 뛰어넘게 되었지요. 상공업이라는 '새로운 생산력'이 봉건사회 내부에서 엄청나게 성장한 것이지요. 공업이 발전해서 상품이 풍부해지니까 상업도 덩달아 발전했고, 상업의 발전으로 더 많은 상품이 필요하게 되고, 이러한 상황은 다시 공업의 발전을 자극합니다. 이 과정에서 상공업의 발전을 통해서 부를 축적한 부르주아계급이 등장합니다. 이들은 자신들의 부의 원천인 상공업 분야가 더욱 번성하기를 염원했습니다.

그런데 문제가 있었습니다. 공장을 짓고 싶은데 토지는 대부분 봉건영주에게 묶여있습니다. 공장에서 일할 노동자가 필요한데 많은 사람이 여전히 농노로 귀족의 토지에 속박되어 있습니다. 자본가계급에게 영주-농노 생산관계와 봉건사회의 규범들이 걸림돌이 된 것입니다. 새로운 생산력(상공업)과 낡은 생산관계(영주-농노) 사이에 모순과 갈등이 발생한 것이지요. 생산양식을 구성하는 두 요소(생산력과 생산요소) 사이의 모순과 갈등입니다.

새로운 생산력과 낡은 생산관계의 모순은 결국 봉건지주 계급과 부르주아계급 사이의 갈등과 투쟁으로 발전합니다. 봉건지주계급은 지주-농노의 봉건적 생산관계가 유지되어야 자신들의 지배력이 유지됩니다. 반면에 부르주아계급은 봉건적 생산관계를 철저히 파괴해야 자신들이 상공업으로 부를 축적하는 데에 유리합니다. 이 모순과 갈등이 유럽을 혁명의 소용돌이 속으로 이끕니다. 봉건지주 계급과 부르주아계급 사이에 결전이 벌어진 것이지요. 부르주아계급은 자신들에게 유리한 방식으로 사회를 개조하기 위해서 기존의 봉건사회를 철저하게 파괴할 수밖에 없었으며, 실제로 파괴했습니다.

부르주아계급의 승리로 귀족 소유의 토지는 시장에서 거래되는 상품이 되었으며, 봉건 영지에 속박되어 있던 농노는 자신들의 노동력을 자유롭게 판매할 수 있는 자유민이 되었습니다. 새로운 생산력(상공업)과 낡은 생산관계(농노-영주)가 갈등을 빚다가 결국 새로운 생산력에 어울리는 새로운 생산관계(노동자-자본가)가 전면 도입된 것이지요. 이런 과정을 통해서 역사는 봉건사회에서 자본주의 사회로 발전했습니다. 변화의 결정적인 원인은 새로운 생산력과 낡은 생산관계 사이의 모순입니다.

부르주아계급은 기존의 봉건적 정치제도(신분제)를 타파하고 자신들에게 유리한 공화주의 정치제도를 수립했습니다. 당시 유행하던 계몽사상은 자유와 평등을 부르짖으며 공화주의 시스템의 정당성을 사상적으로 뒷받침했습니다. 계몽사상의 확산도 상공업의 발전과 부르주아계급의 성장이라는 물질적 토대가 있었기 때문에 가능했습니다. 노골적으로 말하자면 부르주아계급의 취향을 저격했기 때문에, 계몽사상이 새로운 시대를 주도하게 된 것입니다.

공화주의를 주창하는 계몽사상 때문에 유럽에서 부르주아혁명이 일어났다는 해석도 있습니다. 그런데 계몽사상은 '관념'입니다. 유물론의 관점으로 보면 관념은 결과물이며 그러한 관념을 낳은 물질세계의 원인이 있기 마련입니다. 그래서 계몽사상이 혁명의 근본 원인이라는 의견은 한계가 있을 수밖에 없습니다. 근원으로 소급해 들어가지 못한 것이지요. 솔직히 자유와 평등을 이야기하는 사상은 (정도의 차이는 있겠으나) 문명사회라면 어디에나 있었습니다. 2,000년 전 중국의 묵자墨子도 겸애兼愛를 이야기하며 평등사상을 설파했으니까요. 유독 특정 시기의 유럽에서 계몽사상이 시대정신이 된 이유는 부르주아계급이 자신의 사상으로 그것을 채택했기 때문입니다. 기독교가 지금껏 위세를 떨치는 이유가 유럽 문명의 근원인 로마제국의 국교였기 때문인 것과 같은 맥락이지요.

정리하자면 마르크스는 새로운 생산력과 낡은 생산관계의 모순과 갈등이라는 틀로 사회의 변화 발전 과정을 분석하고 해명했습니다. 이것이 마르크스의 '역사 유물론'입니다

학생·· 봉건사회에서 자본주의사회로 변화하는 과정을 '생산력과 생산관계의 모순'이라는 핵심변수로 명쾌하게 설명하니, 참으로 놀랍군요. 이래서 '사회과학'이라고 하는군요. 사회현상에는 변수가 너무 많아서 명쾌한 법칙이 존재할 수 없다고 생각했는데요.

생산력과 생산관계라는 개념으로 역사 발전을 설명하니 '과학'이라는 단어가 어색하지 않네요.

선생님·· 머릿속에 고속도로가 뚫렸나요? 후후. 다시 본론으로 돌아가서, 생산력과 생산관계를 성장하는 아이(생산력)와 그 아이가 입는 옷(생산관계)으로 비유하면 이해가 쉽습니다. 아이가 성장해 덩치가 커지면 원래 입던 옷이 몸에 맞지 않겠지요. 그런 상황에서 옷을 입는 방법은 두 가지가 있습니다. 하나는 몸에 맞게 새로운 옷으로 갈아입는 것이고, 다른 한 가지는 입던 옷에 자신의 몸을 맞추는 방법이지요. 어떻게? 옷자란 살을 계속 베어내는 거예요. 물론 엄청난 출혈과 부작용이 발생하겠지만요.

학생·· 섬뜩하고 무서운 비유군요.

혁명: 역사에서의 양질 전환

선생님·· 마르크스가 《자본론》에서 사용한 비유입니다. 저한테 뭐라고 하지 마세요. 하하.

앞서 이야기했듯이 생산양식은 생산력과 생산관계의 종합입니다. 생산력과 생산관계가 공존하면서 사회의 생산양식을 규정하는데요. 생산양식을 구성하는 두 요소인 생산력과 생산관계의 모순이 사회 발전이 원동력이 됩니다. 앞서 배운 변증법적 유물론의 법칙 중에서 뭐 생각나는 것 없나요?

학생·· 아하! '대립물의 통일과 투쟁의 법칙'이군요.

선생님·· 딩동댕. 생산력과 생산관계. 이 두 가지는 생산양식 안에 통일되어 존재하지만, 모순과 갈등의 씨앗을 항상 품고 있지요. '양적 변화의 질적 변화로의 이행의 법칙'도 빼놓을 수 없지요. 앞에서 생산력이 성장하는 상황을 아이가 자라는 것으로 비유했는데요. 생산력의 양적 변화는 점진적으로 진행됩니다. 중세 유럽에서 상공업의 비중이 점진적으로 증가하는 과정을 떠올리면 이해가 쉽겠지요. 상공업의 비중이 증가하는 가운데 여전히 봉건사회의 질서는 유지됩니다. 그러다가 부르주아계급의 부(富)와 힘이 기존 봉건귀족들을 압도할 정도가 되면 질적 변화가 촉발되지요.

　아이가 너무 자라서 기존에 입던 옷(낡은 생산관계)이 몸에 안 맞게 된 거예요. 그렇게 되면 새로운 옷으로 갈아입어야 합니다. 봉건사회가 자본주의사회로 이행하는 것처럼 말이에요. 혁명이 일어나 사회가 뒤바뀌는 것입니다. 양적 변화의 축적이 질적 변화를 일으킨 것입니다.

학생·· 변증법적 유물론의 법칙들이 역사에도 그대로 적용되는 군요. 변증법적 유물론으로 역사를 해석하는 것이 역사 유물론이라고 했는데, 이제야 그 이유를 알 것 같습니다.

선생님·· 양적 변화가 질적 변화로 바뀌는 특별한 시기를 우리는 역사에서 '혁명'이라고 부릅니다. 생산력과 생산관계 사이의 모순은 사회가 질적으로 바뀌는 '혁명'을 낳습니다. 그렇게 역사 발전의 원동력이 되는 것입니다.

학생·· 혹시 자본주의사회도 생산력과 생산관계 사이의 모순이 존재하나요? 만약 존재한다면 새로운 사회로 바뀔 가능성이 존재하는 것이잖아요. '혁명'의 가능성이요.

선생님·· 우리가 다음 시간에 이야기할 주제입니다. 마르크스의 이론이 현재의 우리와 만나는 지점이기도 하지요. 자, 기대하시기 바랍니다.

생각해봅시다

○ 생산력, 생산관계, 생산양식 등의 개념에 대해서 설명해봅시다.

○ 역사를 연구할 때 생산력과 생산관계가

중요한 요소인 이유를 이야기해봅시다.

○ 생산력과 생산관계 사이의 모순에 대해서 이야기해봅시다.

○ 봉건사회에서 자본주의사회로 이행하는 과정을

역사 유물론으로 설명해봅시다.

먹을 게 없어서
굶는 게 아니다
공황, 자본주의
생산양식의 모순

강의 주제

/

- ○ 자본주의 경제위기의 특징
- ○ 자본주의 생산양식에서
  공황이 필연적으로 발생하는 이유
- ○ 자본주의 체제의 모순을 해결하기 위한 방법

¶

선생님‥ 지난 시간에는 역사 발전의 핵심 원동력인 생산력과 생산관계의 모순을 공부했는데요. 이번 시간에는 생산력과 생산관계의 모순을 자본주의사회에 적용해 보겠습니다. 유럽 사회는 영주-농노의 봉건적 생산관계라는 작은 옷을 벗고 자본가-노동자의 자본주의적 생산관계라는 새로운 옷으로 갈아입었습니다. 자본주의사회에서 생산력은 폭발적으로 증가해 과거와는 비교할 수 없는 엄청난 부를 창출했습니다.

그런데 마르크스가 보기에는 자본주의 역시 그 내부에서 생산력과 생산관계 사이의 모순과 갈등이 격화되기 시작했습니다. 자본주의사회에서 생산력이 꾸준히 성장하는 과정에서 자본주의적 생산관계(자본가-노동자)가 생산력 발전에 걸림돌이 되기 시작한 것이지요. 그는 모순이 극명하게 표출되는 시기를 '공황'으로 보았습니다.

학생·· 공황이요?

선생님·· 네. 그렇습니다. 들어본 적 있는 단어일 거예요. 여러분은 '공황' 하면 어떤 것들이 떠오르나요?

학생·· 1997년 IMF 외환위기가 떠오릅니다. 그때 아버지가 사업을 하셨는데 회사가 부도나기 직전까지 갔다더군요. 언니가 바이올린을 전공하려다가 경제적 어려움으로 그만뒀고요. 한국에서 음악을 공부하려면 돈이 많이 들잖아요. IMF 외환위기 때처럼 경제가 순식간에 나락으로 떨어지는 상황을 '공황'이라고 부르지 않나요?

선생님·· 그렇지요. 학생의 말처럼 IMF 외환위기 때의 모습이 공황 국면의 양상을 잘 보여준다고 할 수 있습니다. 당시 엄청난 수의 노동자가 정리해고를 당했습니다. 수많은 기업이 문을 닫았고, 생활고를 비관해서 사람들이 자살하는 일이 끊이지 않았지요. 1990년대 초반에 좋아 보이기만 했던 경기는 1997년 말을 시작으로 한꺼번에 무너져 내렸습니다.

그동안의 경험을 통해 잘 알려져 있듯이, 자본주의사회에는 주기적인 경기 변동이 있습니다. 경기가 상승하는 국면이 계속되다가 어느 순간부터 곤두박질칩니다. 경기가 과열 국면을 거쳐 최고

점을 찍었다가 급격하게 꺾어 하락하는 시점을 일반적으로 '공황'
이라고 부릅니다.

　사실 인류 역사를 돌이켜보면 경제위기는 항상 존재했습니다.
가축과 사람의 힘만으로 농사를 짓던 시절에도 경제위기가 있었
지요. 예컨대 가뭄이나 홍수 탓에 농사를 망치면 식량이 부족했
습니다. 심하면 대규모 아사餓死가 발생하기도 했고요.. 당시의 경
제위기란 식량의 절대량이 부족해서 일어났던 것들입니다.《삼국
사기》에는 다음과 같은 내용이 나옵니다.

> 9년 봄 정월에 지진이 있었다. 2월부터 가을 7월이 되도록 비가
> 오지 않았다. 흉년이 들어 백성들이 서로 잡아먹었다. (고구려본기
> 봉상왕)

> 21년 여름에 크게 가물어 백성들이 굶주려서 서로 잡아먹고 도
> 적들이 많이 일어나자, 신료들이 창고를 풀어 진휼해 구제하기를
> 청했으나 왕이 듣지 않았다. 한산 사람으로 고구려에 도망해 들
> 어간 이들이 2,000명이었다. (백제본기 동성왕)

학생··　너무 참혹하네요. 상상도 하고 싶지 않습니다.

자본주의 경제위기의 특징

────────

선생님·· 가뭄이 드니 농사를 망쳐 최악의 참사가 벌어진 것입니다. 《삼국사기》는 당시의 상황을 기록으로 남겼고요. 그런데 자본주의사회의 '공황'은 이전 사회의 경제위기와 양상이 전혀 다릅니다.

　우리가 IMF 외환위기 때 생필품의 절대량이 부족해서 힘들었던 걸까요? 공장에서 물건을 열심히 만들었지만 팔리지 않고 재고만 쌓여갔습니다. 마트에 물건은 산처럼 쌓여 있으나 그것을 살 돈이 없는 사람들은 생활고를 비관하며 심지어 목숨을 끊기도 했습니다. 한쪽에서는 안 팔려서 물건이 남아돌고 다른 쪽에서는 돈이 없어 생활고에 허덕이는 모순된 상황이 바로 자본주의사회의 '공황'입니다.

학생·· 그렇군요. 자본주의사회는 이미 전 세계 인구를 전부 먹여 살리고도 남을 수준의 생산력에 도달했다는 주장을 어떤 책에서 본 기억이 납니다. 여전히 수많은 사람이 기아로 생명을 잃는 걸 보면 뭔가 시스템 자체에 결함이 있는 것 같아요. 도대체 '공황'은 왜 일어날까요? 물자가 부족한 것도 아닌데요.

선생님·· 자본주의사회에서 물자는 언제나 넘쳐납니다. 중요한 사실은 공황이 일어나는 순간이 되면 그 넘쳐나는 상품이 제대로 팔리지 않는다는 것이지요. 상품이 팔리지 않으면 기업은 어떤 상황에 빠질까요? 은행에 대출 이자도 갚아야 하고 자재를 구매하면서 끊어준 어음도 막아야 하는데, 상품이 팔리지 않으니 창고에 재고만 쌓이고 돈은 없습니다. 심지어 노동자들에게 월급을 줄 돈도 부족해지지요. 상황이 어렵다는 것을 눈치챈 은행에서는 대출금 일부라도 회수하려고 기업을 더욱 압박합니다.

기업이 어려워지면 은행도 흔들립니다. 기업으로부터 이자도 제대로 못 받고 원금마저 떼이니 은행의 재무 상태가 나빠집니다. 그래서 은행은 더욱 대출 심사를 강화하고 부실 대출의 경우 원금을 회수하려고 노력합니다. 그 결과 시중에서 돈을 구하기 어려워지는 신용 경색 현상이 일어나지요.

금리도 급등합니다. 금리는 돈의 사용료라고 생각하면 이해가 쉽습니다. 시중에서 돈을 구하기 어려우니(돈의 공급량 급감) 수요-공급의 법칙에 따라 금리(돈의 사용료)가 대폭 상승하는 것이지요. 금리가 급등하면 기존에 변동금리로 대출받은 가계나 기업의 이자 부담이 증가합니다. 늘어난 이자를 감당하지 못한 기업이 추가로 도산합니다. 기업 도산의 여파로 은행 부실화는 가속화되고 심한 경우 은행조차 파산합니다. 이렇게 공황 시기에 경제는 악순환을 거듭하며 바닥을 모르고 곤두박질칩니다.

학생…　이야기만 들어도 숨이 막히는군요. 그런 일이 안 일어났으면 좋겠네요.

사회적 생산과 사적 소유

선생님·· 안타깝게도 자본주의사회에서는 이러한 공황이 주기적으로 발생합니다. 경기가 좋아졌다가 나빠지기를 끊임없이 반복하지요. 마르크스는 주기적으로 공황이 발생하는 원인을 자본주의사회에서 생산력과 생산관계 사이에 모순이 격화되기 때문이라고 보았습니다. 구체적으로는 '생산의 사회적 성격과 소유의 사적 私的 성격 사이의 모순'이라고 이야기하지요.

학생·· '생산의 사회적 성격과 소유의 사적 私的 성격 사이의 모순'이요? 용어가 참 어렵네요. 변증법적 유물론을 공부할 때도 느꼈지만 마르크스 철학 공부하면서 만나는 개념들이 만만치 않네요. 언제 따로 차분하게 정리해야 할 것 같아요.

선생님·· 머리 아프게 해서 미안합니다. 최대한 차분하게 풀어 설명하겠습니다. '생산의 사회적 성격'은 생산력과 관련이 있습니다. '소유의 사적 성격'은 생산관계와 관련이 있고요.
　생산이 사회적 성격을 가진다는 것은 이런 의미입니다. 자본주의 대량생산 시스템이 발전하면서 생산 활동은 개인의 차원을 완전히 넘어서게 되었습니다. 과거에는 개인이 짬을 내서 옷이나 신발을 만들거나 수공업자가 소규모로 이런저런 생필품을 제작했습니다. 하지만 자본주의사회에서는 기계를 이용한 분업과 협업이 고도로 발달했습니다. 작은 제품 하나를 만들더라도 업무가 극도로 세분화됩니다. 수많은 사람이 정교하게 짜인 업무 계획대로 일사불란하게 움직이지요.

개별 공장의 업무뿐 아니라 더욱 넓은 범위에서 분업 및 협업 체계가 형성됩니다. 예를 들어 스마트폰 제조에 필요한 부품이나 소재는 한국, 일본, 독일, 중국 등에 있는 각기 다른 회사에서 제조됩니다. 특정 상품 하나를 만들기 위해 국경을 넘어 여러 회사가 분업 및 협업 체계를 형성하고 있지요. 자동차 또한 완성차 업체와 수많은 협력업체 사이의 분업과 협력을 통해 제조됩니다. 서로 생산 일정을 공유하며 톱니바퀴가 맞물려 돌아가듯 생산이 이루어지지요.

우리는 일상에서 스마트폰, TV, 자동차, 세탁기, 컴퓨터, 옷, 신발, 밥솥 등 이루 헤아릴 수 없는 많은 재화를 사용합니다. 이 모든 상품을 우리가 시장에서 쉽게 구할 수 있는 이유는 사회적 차원에서 분업과 협업이 작동하기 때문입니다. 이 공장에서는 스마트폰을 만들고, 저 공장에서는 세탁기를 만들고, 다른 공장에서는 밥솥을 만드는 식이지요. 이러한 분업과 협업 체계는 국가와 국가 사이에도 작동합니다. 예컨대 우리는 중국에서 만든 옷을 입으며, 미국인은 우리나라에서 만든 TV로 메이저리그 야구 경기를 즐깁니다.

자본주의사회의 생산 활동은 이렇듯 공장 차원에서, 지역 차원에서, 국가 차원에서, 지구 차원에서 분업과 협업이 촘촘하게 형성되어 있습니다. 생산의 사회적 성격이 강화된 것이지요. 인도네시아 노동자의 노동 덕분에 내가 신발을 신고 있습니다. 스마트폰 제조 회사에서 일하는 나의 노동 덕분에 인도네시아 사람이 지인과 화상 통화를 합니다. 예를 들기 시작하면 끝이 없을 정도로, 우리의 일상은 항상 다른 누군가의 노동과 수고에 빚지고 있습니다. '노동의 공동체'인 것이지요.

학생·· 당연한 말씀인데, 나와 다른 사람의 노동이 긴밀하게 연결되어 있다는 생각은 평소에 해보지 못하는 것 같네요.

선생님·· 네. 그런 경향이 있지요. 아무래도 우리 눈에는 매장의 상품만 보이고 그 배후의 노동은 보이지 않으니까요. 아무튼 자본주의사회의 생산력이 갖는 '사회적 성격'은 날이 갈수록 강화됩니다.

그런데 생산 활동과 대조적으로 소유 형태는 여전히 개인적인 형태, 즉 사적私的 소유에 기초하고 있습니다. '소유의 사적 성격'은 생산관계와 관련이 있다고 했지요. 알다시피 자본주의적 생산관계는 자본가-노동자의 관계로 특징지어집니다. 자본가는 생산수단을 독점적으로 소유하며, 노동자는 자신의 노동력을 자본가에게 판매해 생계를 유지합니다. 노동자는 자본가가 사적으로 소유한 생산수단을 이용해 생산 활동을 합니다. 자본가의 궁극적 목표는 이윤 극대화입니다. 자본가가 소유한 생산수단, 그리고 자본가가 고용한 노동력은 이윤 극대화를 위한 도구로 사용되지요. 이러한 상황은 자본가가 생산수단을 사적으로 소유하기 때문에 일어나는 현상입니다.

자본가의 이윤 추구 욕망이 공동선公同善의 방향과 일치한다면 다행이지만, 알다시피 현실은 그렇지 않습니다. 비용 최소화를 위해 비정규직을 대폭 확대하고 노동자가 심각한 산업재해를 당해도 은폐하고 숨기기에 급급합니다. 돈벌이를 위해서라면 탈법과 불법도 서슴지 않는 재벌들의 행태는 어제오늘의 일이 아닙니다. 걷잡을 수 없이 증가하는 빈부 격차에 다수 국민은 상실감과 무력감을 느낍니다.

자본주의사회에서 자본가가 절대적으로 권력의 우위를 점할 수 있는 이유는 생산수단을 사적으로 소유하기 때문입니다. 다수 노동자는 생산수단을 소유한 자본가가 고용해주지 않으면 생계를 유지하기 어렵습니다. 생산수단이 없기 때문이지요. 게다가 언제든지 자신을 대체할 수 있는 수많은 실업자군이 존재합니다. 이러한 권력의 비대칭 상황에서는 자본가가 노동자에 비해 압도적으로 유리할 수밖에 없습니다.

요컨대 생산 활동은 사회적 차원의 협업과 분업 시스템으로 돌아갑니다. 서로가 서로를 의지하는 공동체적 성격이 강화되는 것이지요. 하지만 이러한 사회적 생산을 통제하는 권한은 생산수단을 사적으로 소유한 소수의 자본가에게 집중되며 자본가의 이윤 극대화라는 목적을 위해 사용됩니다. '생산의 사회적 성격과 소유의 사적 성격 사이의 모순'은 바로 이러한 상황을 의미합니다.

학생‥ 아! 그런 의미군요. 어려운 용어였는데 이해가 됩니다.

생산의 무정부성과 공황

선생님‥ 앞서 자본주의의 모순이 파괴적인 '공황'을 낳는다고 했는데, 이는 공황의 원인이 생산력과 생산관계의 모순이라는 의미입니다. 그렇다면 생산의 사회적 성격과 소유의 사적 성격 사이의 모순과 갈등이 어떻게 공황을 촉발할까요?

자! 경제 상황이 호조기입니다. 경기가 좋으니 자본가는 장밋빛 예측을 하며 생산을 확대하고 신규 투자를 합니다. 물 들어올 때 노 젓는다고, 더 많은 이윤을 벌기 위한 자연스러운 행위지요. 은행도 이자 수입을 늘리기 위해 기업이나 개인에게 공격적으로 대출합니다. 당분간 경기가 좋을 거라는 예측 때문이지요. 신규 투자와 대출 확대 덕분에 경기는 더욱 탄력을 받아 호황 국면에 들어섭니다. 호황기를 타고 신규 투자와 대출이 더욱 확대되고 소비자는 호황 분위기에 취해 덩달아 소비를 늘립니다. 당장 현금이 없어도 신용카드나 할부 금융에 기대어 과도한 소비를 합니다. 이러한 소비 붐에 기대어 신규 투자와 대출 확대는 계속 이어지고요. 그런데 주지하다시피 이러한 상황이 계속될 수는 없습니다. 경제에 거품이 낀 거니까요.

학생‥ 경제에 거품이 끼었다는 게 무슨 뜻인가요? 제가 경알못이라 생소한 표현입니다.

선생님‥ 알다시피 거품은 누군가 살짝 건드리기만 해도 쉽게 터지잖아요. 경제에 거품이 끼었다는 말은 비정상적으로 과열된 상황이라는 의미입니다. 조그만 충격이 와도 터질 것 같은 불안정한 상황이지요. 생각해보세요. 대출이나 카드 할부에 기댄 구매력이 대규모로 존재한다면 당장은 경기가 활력이 넘치는 것처럼 보일 수 있습니다. 대규모의 수요가 존재하니 상품 공급도 활기를 띠겠지요. 하지만 이런 상태가 무한정 계속되기는 어렵습니다. 과도한 부채로 지탱되는 경제니까요. 미래에도 지금과 같은 호황이 계속될 거라는 막연한 기대감으로, 말하자면 기초공사가 부실한 건축물이 지어진 겁니다. 파도가 제대로 한 번만 밀려와도 무너질 모래성 같은 것이지요.

이러한 상황을 '과잉생산'이라고 부를 수 있습니다. '과잉생산'이란 단순히 상품이 너무 많이 생산됐다는 의미가 아닙니다. 시장이 소화할 수 있는 수준보다 훨씬 많은 상품이 공급된다는 의미인데요. 호황기에 신용카드나 할부 금융으로 이뤄지던 소비가 한계에 다다르면, 시장에서 상품 판매가 부진해지기 시작합니다. 기업에는 재고가 쌓이고 이윤은커녕 생산비도 제대로 회수할 수 없는 상황이 됩니다. 이렇게 과잉생산의 거품이 순식간에 터지는 상황이 바로 공황입니다. 정부가 이를 막기 위해 금리를 조정하는 등의 정책을 동원하지만, 자본가의 사적 소유권 보호가 최우선인 자본주의 시스템에서 정부가 할 수 있는 일에는 한계가 있습니다.

게다가 근래에는 금융업이 비약적으로 성장해 과잉생산의 위기가 얽히고설킨 금융의 실타래를 타고 순식간에 국경을 넘어 전파됩니다. 인터넷으로 금융 상품이 실시간으로 거래되면서 엄청난 규모의 자금이 손쉽게 국경을 넘나듭니다. 부동산 같은 고정자산을 작게 쪼개서 '유동화'하는 금융 상품 탓에 '공황'의 위험이 더욱 증폭되었습니다. 전 세계를 강타한 2008년 미국발 서브프라임 모기지 사태와 이후 세계 경제 파국은 자산 유동화의 부작용과 후폭풍을 여실히 보여준 사례지요. 이렇듯 이제는 세계가 금융으로 얽혀 있어 공황의 충격은 이전보다 훨씬 파괴적이며 그 범위는

공황은 자본주의 생산양식의 모순과 갈등을 극명하게 드러냄으로써, 새로운 생산
양식으로의 질적 전환 가능성을 제기한다. 2008년 미국 '서브프라임 모기지 사태'
이후로 촉발된 세계 자본주의 경제 위기와 공황은 지금까지도 지구촌 곳곳에 영향
을 끼치고 있으며, 2차 세계대전 이후 지금까지 유지된 미국 패권 중심의 자본주의
세계 질서가 '대전환'할 가능성이 꾸준히 제기되고 있다. 영국의 2016년 EU 탈퇴(이
른바 '브렉시트') 국민투표 가결은 어떤 의미로든 '구 질서'의 변동을 뜻하는 사건 중 하
나로 받아들여지고 있다.

2010년 영국 런던 도심에서 찍은 사진. ⓒ Vicky WJ

지구적입니다.

　마르크스는 기업을 소유한 자본가의 사적인 이윤 추구 욕망에 생산이 좌지우지되는 '생산의 무정부성無政府性' 때문에 과잉생산이 발생하며, 이것이 주기적인 공황으로 이어진다고 보았습니다. 도식적으로 표현하자면 '생산의 무정부성 ⇒ 과잉생산 ⇒ 공황'이지요. 생산의 무정부성이 생소한 개념일 텐데요. 알다시피 자본주의사회는 계획경제가 아닙니다. 무엇을 얼마나 생산할지에 대한 결정이 생산수단을 소유한 자본가 각각의 개인적 판단에 달려 있습니다. (생산의 사회적 성격이 강화됨에도 불구하고) 수많은 자본가가 오로지 개인적인 판단(즉, 사적 이익을 위하여)으로 생산을 결정하는 상황을 마르크스는 '생산의 무정부성'으로 표현했습니다.

학생·· 　공황의 원인은 자본가계급의 무정부적인 행동에 있는데, 막상 공황 때문에 가장 큰 피해를 보는 것은 노동자 아닌가요? 공황이 일어나면 수많은 노동자가 일자리를 잃고 집안 생계가 파탄나서 심지어는 목숨을 끊기도 하잖아요.

선생님·· 안타까운 현실이지요. '공황'은 자본주의에서 발생하는 생산력과 생산관계의 모순을 적나라하게 보여줍니다. 만약 공황 때 재고로 쌓인 물품을 생계가 어려운 노동자들이 나눠 가지면 경제적 어려움을 크게 덜 수 있을 겁니다. 더군다나 창고에 쌓인 물건

들은 모두 노동자가 만든 것이기도 하지요. 하지만 노동자는 공장에서 자신이 만든 것을 자기 마음대로 처분할 수 없지요. 그에 대한 자본주의적 '소유권'이 자신에게 없기 때문입니다.

자본주의의 '공황'은 주기적으로 반복되는 특징이 있습니다. 우리나라도 1997년 IMF, 2008년 서브프라임 모기지 사태, 그리고 최근 2019~2020년에 경기가 매우 안 좋잖아요. 경험적으로 보면 대략 10년 정도의 주기로 경기가 변동하는 것 같습니다. 물론 정확한 주기에 대해서는 의견이 분분하지만, 자본주의 체제가 들어선 이후 경기의 부침이 주기성을 띠는 것은 명백합니다.

덧붙여, 공황을 분석할 때 '과소소비'라는 측면도 고려할 필요가 있습니다. 가령 지금처럼 비정규직이 폭발적으로 증가하면 사회 전체의 구매력이 감소할 수밖에 없습니다. 비정규직은 정규직과 똑같은 업무를 수행해도 수입이 훨씬 적으니까요. 자본가들은 비정규직 고용이 이윤 극대화를 위해 불가피한 조치라고 강변하지만, 사실은 자기 무덤을 파는 행위입니다. 자본가가 판매하는 상품은 대부분 노동자가 구매하니까요.

학생·· 자본가들이 인건비 감소 목적으로 비정규직을 대폭 확대한 것이 결국에는 사회 전체에 '과소소비' 현상을 일으켜서 경제를 불황으로 빠뜨릴 수 있군요. 그런데도 기업에서는 이윤 극대화에만 눈이 멀어 인건비 후려칠 생각만 하네요.

학생·· 저는 이제까지 정부의 무리한 시장 개입이 시장 메커니즘을 교란해 '공황'이 발생한다고 생각했는데요. 마르크스의 이론에 의하면 자본주의사회는 생산력과 생산관계의 모순 때문에 필연적으로 공황이 발생할 수밖에 없다는 이야기군요. 생산의 사회적 성격과 소유의 사적 성격이 계속 충돌을 일으킬 테니까요.

선생님·· 앞서 언급한 것처럼, 자본주의 공황은 마치 아이가 자라서 옷이 안 맞는데 옷자란 살을 칼로 베어내서 피를 철철 흘리며 기존의 옷을 입는 상황과도 같습니다. 공황 때 벌어지는 상황들은 사실 엄청나게 비효율적인 낭비입니다. 공장 설비도 멀쩡하고 사람도 일할 수 있는데 자본가에게 이윤이 되지 않는다는 이유만으로 공장이 문을 닫고 사람이 쫓겨납니다. 멀쩡하게 돌아갈 수 있는 설비들인데 말이지요. 기업의 창고에는 물건이 가득 쌓여 있는데, 사람들은 물건 살 돈이 없어서 생활고에 시달립니다. 이보다 더 비효율적이고 어처구니없는 상황을 떠올리기는 어렵습니다. 몸에 맞는 옷으로 갈아입어야 하는데 자꾸 옛날 옷을 억지로 입으려니 생기는 부작용이지요.

자본주의의 모순을 해결할 새로운 생산관계

학생·· 그렇다면 마르크스는 자본주의의 모순이 어떤 방식으로 해결되리라 생각했나요?

선생님·· 봉건사회가 자본주의사회로 이행할 때, 새로운 생산력(기계제 대공업)에 맞는 새로운 생산관계(노동자-자본가)로 사회가 변화했지요. 마찬가지로 마르크스는 자본주의의 모순이 해결되는 새로운 사회에서는 새로운 생산력(생산의 사회적 성격)에 맞는 새로운 생산관계(생산수단의 사회적 소유)로 사회가 전환될 것이라고 보았습니다.

새로운 생산력에 맞춰 생산관계가 변화하는 것이 모순의 해결 방향이라면, 미래에는 생산수단의 사회적 소유, 즉 사회주의적 생산관계로 변화할 것으로 보았던 것입니다. 생산수단이 소수의 이익을 위해서가 아니라 사회 전체의 이익을 위해 사용되며, 민주적 절차와 합의된 계획을 통해 다수의 이익을 위해 경제가 운영된다는 것입니다. 이것이 마르크스가 언급한 사회주의 계획경제입니다.

마르크스는 사회주의, 공산주의 사회에서는 생산력(생산의 사회적 성격)과 생산관계(생산수단의 사회적 소유)가 조화를 이루어 파괴적인 공황이 사라진다고 보았습니다. 공동체 성원은 생산력 발전의 과실을 골고루 누리며 자유롭고 풍요로운 삶을 영위하고요.

학생·· 보통 사회주의, 공산주의 하면 독재를 떠올리잖아요. 뭔가 편견과 오해가 있는 것 같아요. 마르크스의 주장은 오히려 경제 민주주의를 강화하자는 이야기로 들리는데요. 그런데 마르크스의 주장이 얼핏 이상적이고 좋지만, 현실에서는 실패하지 않았나요? 소련이나 동구권의 사회주의도 결국에는 망했잖아요.

선생님·· 돌직구 질문이군요. 강의 때마다 항상 나오는 질문이기도 하고요. 하지만 그 질문에 답하기에는 이번 강의 시간이 얼마 안 남았네요. 남은 강의에서 다룰 수 있으리라 생각합니다. 그래도 질문이 나왔으니 간단하게나마 이야기하지요. 옛 소련이나 동유럽 사회주의 국가가 여러 가지 이유로 역사의 뒤안길로 사라졌지만, 그렇다고 해서 우리가 발 딛고 사는 자본주의사회의 모순이 사라진 건 아닙니다. 파괴적이고 주기적인 공황은 여전하고 빈부격차는 날로 심해지고 있어요. 생산력과 생산관계의 모순이 여전한 이상 새로운 사회로의 변화 발전 가능성은 유효합니다. 한 번의 실패가 영원한 실패는 아니니까요.

중세 봉건사회가 자본주의사회로 이행하는 과정도 단번에 이루어지지 않았습니다. 공화파가 일시적으로 승리해서 왕을 몰아냈지만, 귀족 세력이 공화파를 몰아내고 다시 반동 체제가 들어서기도 했지요. 그렇게 보자면 사회주의혁명은 기껏해야 약 100년 전인 1917년에 러시아에서 처음 일어났습니다. 미래에 무슨 일이 벌어질지는 아무도 모르는 겁니다. 모순은 여전하기 때문이지요.

학생·· 마르크스가 사회주의, 공산주의를 주장했던 것이 단순한 선동이 아니라 나름의 과학적인 근거가 있었던 거군요. 역사 유물론은 무척 매력적이네요. 왜 학교에서는 이런 내용을 제대로 안 가르치나 모르겠어요.

선생님·· 학생 이야기를 들으니 강의하는 사람으로서 무척 힘이 납니다. 이 분위기가 끝까지 이어지기를 바랍니다.

생각해봅시다

- '생산의 사회적 성격과 소유의 사적 성격 사이의 모순'에 대해 설명해봅시다.
- 자본주의에서 생산력과 생산관계의 모순이 공황으로 표현되는 것에 대해 이야기해봅시다.
- 공황이 일어나는 과정에서 대해서 이야기해봅시다.
- 자본주의의 모순이 해결되는 방향에 대해서 이야기해봅시다.

자본주의가
창조하는
인간의 본성
토대와
상부구조

강의 주제

/

- 토대와 상부구조의 의미와 관계
- 사적 소유 개념의 탄생
- 사회구조와 인간의 심리
- 물신주의
- 자본주의의 생존 조건과 이기심

선생님·· 이번 시간에는 역사 유물론의 또 다른 주요 개념인 '토대'와 '상부구조'에 대해서 공부하겠습니다.

학생·· 토대는 뭐고 상부구조는 또 뭔가요? 날마다 새로운 용어가 끊임없이 튀어나오는군요.

선생님·· 그러게요. 또 나왔군요. 학생들도 곤혹스럽겠지만, 새로운 용어를 계속 설명해야 하는 제 입장도 참 난감합니다. 그래도 갈 길을 가야지요. 토대와 상부구조를 각각 영어로 표기하자면 이렇습니다. 토대는 base, 상부구조는 superstructure. 토대와 상부구조! Base and superstructure!

학생·· 토대base가 밑에 있고, 상부구조superstructure는 위에 있나요? 영어 단어로 짐작하면 그런 느낌이 드는데요. 무슨 건축물 이야기 같네요?

선생님‥ 학생 이야기처럼 토대는 아래에 있고 그 위에 상부구조가 놓인다고 생각하면 이해하기 편합니다.

한 사회의 '토대'란 그 사회의 생산관계의 총체를 말합니다. 앞서 배웠던 자본주의적 생산관계나 봉건적 생산관계 등을 떠올리면 됩니다.

학생‥ 그냥 생산관계라고 부르면 될 것을 왜 굳이 '토대'라는 용어를 사용하나요?

선생님‥ 조금 차이가 있습니다. 예컨대 자본주의사회라 하더라도 나라마다 발전 정도가 달라서, 어떤 나라는 여전히 봉건적 생산관계가 일정 부분 공존할 수도 있습니다. 심지어 자본주의사회면서도 노예제적 생산관계가 잔존하는 경우도 있지요. 반면에 북유럽 국가는 기본적으로 자본주의사회이면서도 사회주의적 색채가 강한 높은 수준의 복지제도를 시행하고 있습니다. 같은 자본주의 국가로 분류되더라도 나라마다 '생산관계의 총체'는 차이가 날 수 있는 것이지요.

학생‥ 흠. 그런 뜻이군요. 그러면 상부구조는 뭔가요?

선생님‥ 상부구조란 사회의 '토대' 위에 서 있는 정치적, 도덕적, 예술적, 종교적, 철학적 견해 및 그에 상응하는 기관이나 조직 등을 말합니다.

학생‥ 네에?

먹고사는 방식과 정신적·문화적인 것들의 관계

선생님‥ 하하. 놀라지 마시고요. 좀 더 쉽게 설명을 하겠습니다. 토대(생산관계의 총체)란 결국 사람들의 먹고사니즘에 관한 것이지요. 상부구조는 법이나 제도, 문화 같은 정신적인 것을 의미합니다.

먹고사는 문제와 법, 제도, 문화는 매우 긴밀한 관계에 있습니다. 모든 생물은 기본적으로 먹고사는 것이 급선무지요. 생존과 번식이 불가능한 생물은 멸종합니다. 그렇기 때문에 특정 시대의 법, 제도, 문화는 그 시대 사람들의 먹고사는 방식을 합리화하고 정당화하는 역할을 합니다.

예컨대 노예제 사회에서는 노예 소유를 법과 제도로 정당화했지요. 노예를 많이 부릴수록 사람들의 선망을 한 몸에 받는 문화가 있었고요. 서양 중세에서 기독교는 봉건영주가 농노를 지배하는 시스템에 종교적 권위를 부여했습니다. 마르크스는 한 사회의 상부구조(법, 제도, 문화, 관습 등)는 그 사회의 토대(경제 시스템, 즉 먹고사는 방식)에 의해 규정된다고 보았습니다.

학생·· 아하. 그러니까 경제적 '토대' 위에 문화적인 '상부구조'가 형성되는군요. "존재가 의식을 규정한다"라는 구절이 떠오르네요. 토대는 '존재'고 상부구조는 '의식'이라고 하면 짝이 딱 맞잖아요.

선생님·· 맞습니다. 그런 의미에서 토대와 상부구조라는 분석틀은 유물론에 기초를 두고 있지요. 토대와 상부구조라는 분석틀은 자본주의사회에도 적용할 수 있습니다. 자본주의적 생산관계(토대)는 그에 걸맞은 상부구조를 낳습니다. 자본가계급은 신분제라는 낡은 상부구조를 파괴하고 개인의 자유와 평등 및 재산권을 보장하는 새로운 법(상부구조)을 만들었습니다. 자본가계급 자신이 신분제의 억압을 벗어나 자유로운 상공업 활동을 보장받고 싶었기 때문이고, 농노들이 해방되어 자본가에게 자유롭게 고용될 수 있는 노동자라는 상품이 될 환경을 만들기 위해서지요.

　자본가는 생산수단에 대한 배타적 권리를 보장받기 위해서 사유재산을 보호하는 강력한 법률을 제정했습니다. 자본주의사회에서는 사적 소유라는 개념을 공기처럼 당연하게 받아들이는 경향이 강하지만, 사실 '사적 소유'라는 개념도 사회에 따라 다르게 형성되지요. 예를 들어 원시공동체 사회에서는 사적 소유 개념이 없거나 희박했습니다. 원시공동체 사회는 부족원이 생산수단이나 생활 수단을 공유해야 생존할 수 있었습니다. 생산력 수준이 낮아서 구성원이 가까스로 생계를 유지할 수준 이상의 잉여생산물이 나오지 않았기 때문입니다. 남는 것이 있어야 개인적으로 소유하든지 말든지 하겠지요. 즉, 원시공동체 사회의 경제적 '토대'에서는 사적 소유라는 '상부구조'가 나올 수 없는 겁니다. 오히려 공동 소유와 공동 분배 같은 '상부구조'가 형성되지요. 사냥하고 채집한 것을 함께 나누는 관습이나 문화 말입니다. 심지어는 사적 소유를 당연시하는 현대 자본주의 사회에서도 나라마다 그것을 해석하고 접근하는 방식에는 차이가 있습니다. 어떤 나라에서는 토지를 공공재로 여겨 무분별한 개인의 토지 소유에 강력한 제한을 두기도 하지만, 어떤 나라의 경우에는 국토에서 사유지가 차지하는 비율이 매우 높지요.

학생·· 저는 사적 소유가 당연한 거라고만 생각했는데요. 사적 소유가 특정한 사회적 토대에서 형성된 상부구조라니 매우 흥미롭네요.

선생님·· 인류의 오랜 진화 과정을 고려했을 때 사적 소유권의 등장은 지극히 최근의 일입니다. 인류는 대부분의 시기를 원시공동체 형태로 살아왔으니까요. 우리가 인간의 본성이라고 생각하는 특징 중 상당 부분은 실제로는 해당 사회의 물적 '토대'에 의해 후천적으로 형성된 것이지요. 예를 들어서 '이기심' 같은 것 말입니다.

학생·· 이기심이요? 그건 진짜로 인간의 본성 맞는 것 같은데요.

선생님·· 과연 그럴까요? 인간의 지적 성장은 익숙한 것에 의문을 품고 낯설게 바라볼 때 시작되지요.

학생·· 다른 건 모르겠지만 어떻게 이기심이 본성이 아니라고 할 수 있지요? 이렇게 이기심이 만연한 세상인데요. 굳이 제가 증거를 나열할 필요도 없잖아요. 뉴스를 보면 매일매일 이기심 때문에 발생하는 사건 천지인데요.

이기심은 인간의 본성인가

선생님·· 이해합니다. 강의할 때마다 항상 똑같은 반응이니까요. 그러나 호기심을 갖고 제 이야기를 들어주시면 좋겠어요. 판단은 그 후에 해도 늦지 않겠지요?

많은 사람이 인간은 본성적으로 이기적이라고 여기며 부조리한 현실에 대해 체념합니다. 이기적 인간이 모여 이룬 게 '사회'이니,

사회도 당연히 이기적일 수밖에 없다는 것이지요. 만약 이기심이 본능이라면 인간은 태어나면서부터 이기심을 유전자에 새기고 있어야겠지요? 정말 그런지 차분하게 생각해봅시다.

이제 막 엄마 뱃속에서 나와 세상을 처음으로 접한 신생아 이야기를 해볼까요? 사실 저는 아이 둘을 키우면서 인간이라는 존재에 대해서 많이 깨닫게 됐어요. 하루는 첫째를 임신한 아내가 육아 서적을 읽다가 저에게 질문을 하더군요.

"신생아들은 똥을 싸면 부모가 치워주잖아? 그런데 신생아는 부모가 치우는 것을 빤히 보면서도 그걸 자기가 치웠다고 생각한다네? 왜 그렇지?"

아내가 읽던 육아 서적에는 신생아가 그렇게 생각하는 이유가 제대로 나와 있지 않았습니다. 혹시 그 이유를 이야기해볼 학생 있나요?

학생·· 글쎄요···. 전혀 모르겠는데요?

학생·· 아기는 나와 타인에 대한 구분이 없다는 이야기를 얼핏 들은 적이 있는 것 같은데, 혹시 그것과 연관 있나요?

선생님·· 방금 학생이 꽤 그럴듯한 이야기를 했는데요. 좀 더 구체적으로 이야기해보겠어요?

학생‥ 음…. 그냥 그런 이야기를 들었을 뿐이라…. 자세한 것은….

선생님‥ 지금까지 강의를 하면서 이 질문에 제대로 답한 학생을 아직 본 적이 없답니다. 그러니 너무 자책하지 마세요. 하하. 신생아가 엄마 뱃속에서 이제 막 나와서 주변 사람을 보고 있다고 합시다. 과연 신생아가 사람을 보고 '사람'이라고 해석할 수 있을까요?

학생‥ 당연히 사람을 보면 사람이라고 생각하겠지요. 너무 이상한 질문 같아요.

학생‥ 아…. 잠깐만요. 아무래도 엄마 뱃속에 있다가 나와서 처음 세상을 접할 텐데, 사람을 보고 '사람'이라고 생각하기는 어렵지 않을까요? 모든 게 처음 보는 것이니까요.

선생님‥ 학생은 날카로운 면이 있네요. 우리는 일반적으로 특정한 색깔과 형태의 조합을 보면 자연스럽게 사람이라고 의미를 부여하는데, 이는 타고나는 게 아닙니다. 신생아에게는 눈에 들어오는 모든 것이 그저 색깔과 형태의 무의미한 조합일 뿐이에요. 특정 색깔과 형태의 조합에 개, 고양이, 사람, 아파트라고 의미를 부여할 정보를 접한 경험이 없거든요. 여러분이 노이즈 화면을 보면 아무런 의미를 찾아낼 수 없듯이, 신생아는 자기 앞에 있는 특정한 색깔과 형태의 조합을 사람이라고 해석할 수 없습니다. 처음 보니까요. 신생아에게는 노이즈 화면과 여러분의 모습이 '의미'상으로는 똑같습니다. 말 그대로 무의미!

혹시 신생아가 손을 움직이지 못하도록 속싸개로 꽁꽁 싼 것을 본 적 있나요?

학생·· 네. 제 조카가 얼마 전에 태어났는데 팔뿐만 아니라 몸 전체를 꽁꽁 쌌더라고요. 얼굴만 쏙 나와 있는 모습이 너무 귀엽기도 하고 한편으로는 안쓰럽기도 했어요.

선생님·· 왜 팔까지 못 움직이게 싸는지 이유를 알고 있나요?

학생·· 그렇게 안 하면 손으로 자기 얼굴에 상처를 낸다고 들었어요. 그런데 좀 이해가 안 되더라고요. 왜 자기 얼굴에 상처를 낼까요?

선생님·· 신생아는 자신의 눈에 보이는 손가락 다섯 개가 달린 긴 물체가 자신의 팔인지도 모르는 거예요. 처음 보니까요. 자신의 의지로 팔을 통제할 수 있다는 것도 모르는 상황입니다. 팔은 반사적으로 움직일 뿐이지요. 그래서 팔이 자기 얼굴로 와도 멀어지게 하는 방법을 몰라요. 생후 어느 정도 시간이 지나면 아기가 꼭 쥔 주먹을 자기 얼굴 앞에 놓고 조금씩 움직이며 노는 모습을 볼 수 있습니다. 그제야 주먹을 자신이 통제할 수 있다는 사실을 어렴풋이 깨닫지요. 게임 캐릭터를 조종하듯 주먹을 움직이며 즐거워하는 거예요.

학생·· 와! 신기해요. 선생님은 그런 것을 어떻게 아세요?

선생님·· 하하. 제가 따로 신생아 연구를 한 적은 없어요. 다만 신생아의 입장에서 세상이 어떻게 느껴질지 생각해보면서 깨달았지요. 말하자면 육아라는 물적 토대 위에 서서 생각을 했다고 할까요? 하하.

신생아의 심리를 이해하기 위해 또 하나 알아야 할 것이 있어요. 여러분 앞에 탁자가 하나 있다고 합시다. 손을 뻗어 탁자를 만지면 촉감이 느껴지지요? 여러분은 손에서 느끼는 촉감은 탁자에서 온다고 판단하겠지요. 손으로 느끼는 촉감과 눈에 보이는 탁자의 이미지를 도저히 떼려야 뗄 수 없는 동일체로 느끼는 겁니다.

그런데 촉각과 시각은 별개의 감각이에요. 우리가 눈이 없다고 가정해보지요. 과연 손으로 느끼는 촉감을 시각 이미지와 연결할 수 있을까요? 눈이 없으니 촉감은 그저 촉감일 뿐, 딱딱한 탁자나 부드러운 솜이불의 시각 이미지와 촉감을 연결할 수 없습니다. 그렇다면 촉감과 시각 이미지를 동일체로 느끼게 하는 것은 과연 무엇일까요? 바로 두뇌입니다. 지속적인 경험(실천)을 통해 특정 위치에 보이는 시각 이미지와 손에서 느끼는 촉감이 긴밀하게 연관되어 있다고 판단하는 것이지요.

이 정도면 왜 신생아가 똥을 자기가 치웠다고 판단하는지 이해할 수 있습니다. 자! 신생아가 똥을 쌌습니다. 뭔가 불편한 느낌이 들어서 본능적으로 울었습니다. 아이가 우니 부모는 무슨 일인지 궁금해 다가갑니다. 신생아는 '부모', '사람'이라는 개념이 없습니다. 부모가 다가오는 장면은 신생아에게는 화면에 특정한 색깔과 형태가 나타나는 현상일 뿐입니다. 색깔과 형태의 의미를 해석할 수 없으니까요. 부모는 신생아의 기저귀를 갈려고 바쁘게 손을 움직이며 물티슈로 정성스레 엉덩이를 닦겠지요. 신생아는 부모의 손놀림을 눈으로 보고 있지만, 눈에 들어오는 손의 움직임과 엉덩이에 느껴지는 촉감이 연관되어 있음을 모릅니다. 그저 눈앞에서 색깔이 요란하게 움직이는데 동시에 엉덩이에서 촉감이 느껴지더니 별안간 불편함을 주던 똥이 사라지지요. 신생아 입장에서는 자신이 울자 화면(?)의 색깔이 변하고 엉덩이에 촉감이 느껴지더니 똥이 없어진 겁니다. 롤플레잉 게임에서 마법사가 특정 주문을 외우니 마법이 발동하는 것처럼 말이지요. 그러니 자기가 한 일이라고 느끼는 것이지요. 어쩌면, '자기'라는 개념조차 형성되지 못했을지도 모릅니다.

학생·· 그런데 신생아 똥 이야기와 인간 본성이 무슨 관련이 있나요? 갑자기 육아 이야기만 하시니···.

선생님·· 이 모든 내용이 연결됩니다. 너무 걱정하지 마세요. 하하. 신생아는 세상을 이런 방식으로 이해하기 때문에 자신과 외부 사물을 구분하지 못합니다. 감각기관을 통해 느끼는 온갖 정보를 자신의 본능적 욕구나 의도와 연결해 생각할 뿐입니다. 그러니 똥을 치운 것도 자신이라고 판단하는 것이지요.

하지만 현실에서는 아이가 똥 싸고 울 때마다 부모가 즉각 나타나지는 않습니다. 예를 들어, 부모가 외출했을 때는 똥을 싸고 아무리 울어도 화면에 특정 색깔 패턴(부모)이 나타나지 않겠지요. 똥 때문에 찝찝하고 짜증나서 우는데 부모가 오판해서 배고픈 줄 알고 젖을 줄 수도 있고요. 아이에게 이런 경험이 누적되면 특정 색깔 패턴(부모)은 자기 의지대로 조종할 수 없는 '외부' 존재라는 것을 깨닫기 시작합니다. 주체(나)와 객체(부모)의 거리감(분리감)이 형성되는 것이지요. 주체와 객체의 거리감 속에서 '자아 정체성'도 형성됩니다. 전에는 피아彼我의 구분조차 없으니 '나'라는 심리적 결정체도 존재하지 않았지만, 타자와의 거리감이 형성되면서 자아가 형성되는 것이지요.

'나'라고 하는 자아 정체성은 이처럼 타자와의 관계에서 형성됩니다. 타자가 존재하지 않으면 나 또한 존재할 수 없는 것이지요.

네가 없으면 나도 없다는 말입니다. 여러분은 한 살 때 기억이 없지요? 왜 없을까요? 색깔과 형태에 의미를 부여할 수 없는데 어떻게 그때를 기억할 수 있을까요? 내가 본 것, 내가 들은 것, 내가 냄새 맡은 것에 의미를 부여할 수 없으니 기억도 할 수 없는 겁니다. 그런데 네 살 무렵은 드문드문 기억이 나지요? 대략 그때부터 우리 두뇌가 '기억'이라는 정신 활동을 할 수 있을 만큼 성숙하기 때문입니다.

아무튼 이런 맥락에서 판단했을 때 신생아는 아예 '이기심'이라는 개념 자체가 없습니다. 너와 나의 구분조차 없는 상태인데 이기심이라는 고차원적 생각을 할 리가 없지요. 인간이 본성적으로 이기적이라는 주장은 인간의 심리 형성 과정에 대한 이해가 부족한 견해일 뿐입니다. 인간은 신경세포인 뉴런의 연결 구조(뉴럴 네트워크)를 통해 사고합니다. 성인의 두뇌에 존재하는 뉴런 연결 구조를 우리나라의 모든 도로망이라고 한다면, 신생아의 뉴런 연결 구조는 고속도로만 있는 수준으로 단순하다고 합니다. 뉴런 연결 구조 대부분은 주변 환경과의 상호작용을 통해 후천적으로 형성되지요.

학생·· 아! 그러니까 이기심이라는 개념 자체가 신생아에게는 존재하지 않는다는 의미군요. 설득력 있어요.

사회구조가 인간의 심리에 끼치는 영향

─────

선생님·· 그렇습니다. 모든 생명체는 기본적으로 '생존 본능'이 있습니다. 인간의 본성적 심리를 이해하기 위해서는 생존 본능에서부터 출발해야 합니다. 생명체의 지상 과제는 '생존'과 '번식'입니다. 왜 식욕과 성욕은 억누르기 힘들 정도로 강할까요? 식욕은 생존과, 성욕은 번식과 연결되기 때문입니다. 어떤 생명체가 유전적으로 식욕과 성욕이 없다면 생존과 번식 확률이 크게 낮아져 결국 멸종할 겁니다. 강한 식욕과 성욕은 생명체 진화 과정에서 형성되는 심리적 부산물인 셈이지요.

그런데 중요한 것은, 우리가 어떤 환경과 사회구조에서 생활하느냐에 따라 생존에 요구되는 심리 기제가 달라진다는 점입니다. 이와 관련된 사례를 하나 소개하겠습니다. 자본주의사회에 살던 서구 인류학자가 아메리카 인디언 부족을 대상으로 지능 테스트를 했습니다. 부족 사람들에게 테스트 용지를 나눠주며 각자 따로 문제를 풀어야 한다고 신신당부했습니다. 그런데 인디언 부족 사람들은 함께 모여 토론하며 문제를 풀었습니다. 그러자 서구 인류학자는 답답한 마음에 그들에게 다가가 문제는 각자가 따로 풀어야 한다고 거듭 강조했습니다. 그러자 아메리카 인디언들이 다음과 같이 되물었습니다.

"문제가 있으면 함께 의논해서 해결해야 하는 것 아닌가요? 왜 자꾸 각자 따로 풀라고 하는지 모르겠군요."

아메리카 인디언들은 왜 이렇게 생각하게 됐을까요? 생산력 수준이 낮은 소규모 사회에서는 구성원이 서로 돕지 않으면 생존 자체가 어렵습니다. 수렵 및 채집으로 먹을거리를 마련하고, 아이들을 함께 돌보며, 맹수나 다른 부족과의 전투에서 이기기 위해서는 구성원이 서로 협력할 수밖에 없지요. 그래야 생존 확률이 올라가니까요. 그래서 원시공동체 사회에서는 자연스럽게 이기심보다는 '협동'이 생존에 중요한 덕목이 됩니다. 자신이 취득한 지식과 정보를 신속하게 구성원과 공유하고 수렵과 채집을 통해 얻은 먹을거리도 함께 나눕니다. 이기심 탓에 구성원이 서로 돕지 않는다면 아무래도 생존 확률이 크게 떨어지겠지요.

학생·· 자본주의사회와 대조적이네요. 사회구조가 인간의 심리를 형성하는 데 큰 역할을 하는군요.

선생님·· 그렇습니다. 알다시피 자본주의사회의 목표는 이윤 추구입니다. 자본가는 더 많은 화폐를 획득하기 위해 노동자를 채근합니다. 자본가가 화폐를 욕망하며 발버둥 치는 것은 시장 경쟁에서 생존하기 위해서지요. 다른 회사보다 더 많은 이윤을 내지 않는다면 시장 경쟁에서 낙오하기 마련입니다. 이것이 바로 자본주의사회에서의 '게임의 법칙'입니다. 자본가는 노동자가 고통 받더라도 기꺼이 비정규직을 고용합니다. 돈만 아낄 수 있다면 폐수를 몰래 강에 흘립니다. 더 많은 이윤을 얻어 승리하기 위해서지요.

노동자는 자신의 노동력을 판매하지 않으면 생존과 번식에 어려움을 겪습니다. 생산수단은 자본가의 손에 있고 노동자는 몸뚱이밖에 없으니까요. 원시공동체 사회에서는 수렵과 채집으로 얻은 것을 함께 나누며 먹고살았지만, 자본주의사회에서는 혼자 모든 것을 감당해야 합니다. 가족 생계도 책임져야 합니다. 아이가 아파도 내 돈으로 치료해야 하고, 아이가 대학에 가도 내 돈으로 학비를 대야 합니다. 생존에 필요한 대부분을 자신이 번 돈으로 해결해야 하는 자본주의사회에서는 당연히 이기심만이 자신을 구원할 수 있습니다. 어쭙잖게 다른 사람을 배려하면 경쟁에서 뒤처질뿐더러 호구가 되기 십상입니다. 자기 것만 잘 챙기는 약삭빠른 사람이 승진도 잘하고 돈도 잘 법니다. 생존하려면 윗사람에게 굽실거려야 하고 부당한 대우를 받고 모욕을 당하더라도 참아야 하지요.

이런 인생의 쓴맛을 먼저 본 부모는 자식에게 돈 잘 버는 의사, 변호사 같은 전문직 종사자가 되기를 권유합니다. 간, 쓸개 빼놓고 스트레스에 시달리며 살아야 하는 노동자의 설움을 자식에게는 물려주고 싶지 않겠지요. 아이에게 공부를 잘해야 한다고, 좋은 대학에 가야 한다고 강요합니다. 우리 사회에서는 좋은 대학을 나와야 전문직 종사자가 되기 쉬우니까요. 자본주의 게임의 법칙은 자연스럽게 '학교'로 스며듭니다. 아이들은 입시 경쟁에 내몰려 늦게까지 학원 수업을 듣고 새벽까지 독서실에서 공부합니다. 친구를 이기고 더 좋은 점수를 얻어야 원하는 학교에 진학할 수 있으니까요. 학업 때문에 극심한 스트레스를 받으며 심지어 목숨을 끊기도 하지요. 이러한 상황을 대한민국 학부모의 비정상적 교육열 탓으로만 여긴다면, 현상만 보고 본질은 파악하지 못한 것이겠지요. 그 어느 부모가 자식에게 노동자로 살아가는 서글픔과 고단함을 물려주고 싶겠습니까? 자본주의사회의 게임의 법칙이 우리를 이런 상황으로 내모는 것이지요.

학생·· 먹먹하네요. 서로 돕고 살고 좋은 것만 보고 살아도 순식간에 지나가는 인생인데…. 하지만 그렇다고 우리가 다시 원시공동체 사회로 돌아갈 수도 없잖아요?

학생·· 게임의 법칙을 바꿀 수는 없나요? 사람이 이런 식으로 살다가는 정신이 피폐해질 것 같아요. 자본주의는 우리 사회를 파국으로 몰고 간다는 생각이 들 때가 있어요. 환경 파괴, 인간성 파괴, 끊이지 않는 전쟁…. 미국이 일으키는 숱한 전쟁도 결국에는 돈벌이를 위한 것이잖아요. 군수 자본의 욕망 탓에 수많은 사람이 죽고 다치는 전쟁까지 벌어지고….

물신주의, 자본주의 게임의 법칙

선생님·· 자본주의사회는 '돈'이 최고인 사회입니다. 돈이 많으면 일하지 않고도 호의호식할 수 있고, 심지어 멋진 연인도 얻을 수 있습니다. 어딜 가든지 돈만 있으면 왕처럼 대접받을 수 있지요. 나쁜 짓을 해도 돈이 많으면 처벌을 면할 수 있습니다. 재벌이 불법을 저지르고 제대로 처벌받는 경우를 보았나요? 가난한 사람들은 배고파서 작은 물건 하나만 훔쳐도 절도죄로 징역을 살아야 하는데 말이지요. '돈'만 있으면 '무엇'이든지 살 수 있는 사회가 자본주의사회입니다. 모든 것이 상품이 된 사회의 현실이지요.

그런데 차분하게 생각해보면, 돈이 모든 것을 가능하게 해준다는 생각은 일종의 '환상'입니다. 돈이라는 종이 쪼가리는 그 자체로는 아무런 능력이 없습니다. 지금 이 순간부터 모든 사람이 아무 일도 안 하고 집에 누워만 있다고 합시다. 어떠한 상품도 생산되지 않을 겁니다. 세종대왕이 찍혀 있는 종이가 갑자기 TV로 변할 수는 없으니까요.

우리가 돈으로 구매하는 상품은 누군가가 노동한 결과물입니다. 농부가 노동하지 않으면 쌀은 생산되지 않습니다. 건설 노동자가 노동하지 않으면 우리가 공부하는 강의실도 존재할 수 없지요. 엔지니어와 제조업 노동자가 일하지 않으면 스마트폰도 존재할 수 없어요. 이 얼마나 고맙습니까? 다른 사람의 노동이 있기에 옷을 입고 음식을 먹으며 스마트폰을 사용할 수 있으니까요. 내가 인간답게 살 수 있는 것은 다른 누군가의 노동 덕분입니다. 물론 다른 사람들도 나의 노동 덕을 보겠지요. 어쨌든 다른 사람의 도움이 없다면 우리는 한순간도 생존할 수 없습니다. 돈은 사람들의 노동이 교환되는 과정에서 매개물 역할을 할 뿐입니다. 우리는 서로를 의지하는 노동 공동체의 구성원입니다. 그런데 자본주의사회는 이 소중하고 감사한 '타인의 노동'을 단순한 화폐 수치로 전락시킵니다. 섭씨 36.5도의 '인간' 관계가 차가운 '돈' 관계로 치환되지요.

한 젊은이가 식당에서 음식을 먹는데 너무 맛이 없어서 쓰레기통에 확 버렸습니다. "젊은 사람이 못쓰겠구만. 음식을 그렇게 함부로 다루면 벌 받아." 옆에서 식사하던 할아버지가 젊은이의 행동을 나무랍니다. 젊은이는 어이없다는 얼굴로 "내 돈 주고 산 음식인데 내가 버리든 말든 무슨 상관입니까?"라고 쏘아붙입니다. 젊은이 말에 공감하는 학생도 있고 할아버지 말에 공감하는 학생도 있을 겁니다. 다만 그 음식이 젊은이의 부모님이 새벽부터 밭에 나가 허리도 제대로 못 펴며 농사지은 재료로 만든 것이라면 (또는 그 음식을 조리한 노동자가 부모님이라면) 아무리 맛이 없어도 그렇게 버릴 수 있을까요? 못 버릴 겁니다. 부모님이 수고하신 게 눈에 어른거리니까요.

그런데 자본주의사회에서는 음식에서 농부의 노동이 가려지고 화폐로 매겨진 가격만 남습니다. 이 당근은 500원 짜리, 이 김은

5,000원 짜리…, 이런 식이지요. 타인의 노동이 보이지 않고 내가 지불하는 가격만 남으니 고마움을 느낄 수도 없지요.

마르크스는 《자본론》에서 '물신주의物神主義'를 이야기했습니다. 물질이 신이 됐다는 말이지요. 신은 전지전능한 존재잖아요? 중세 서양에서는 신의 뜻이라면 아무리 비상식적으로 보이는 일들도, 예컨대 마녀사냥이나 십자군 전쟁도 정당하다는 명분을 얻었습니다. 마찬가지로 모든 것이 상품으로 거래되는 자본주의사회에서는 돈이 전지전능한 신의 지위를 차지했습니다. 모든 것의 꼭대기에 돈이 군림하고, 돈만 된다면 상식 밖의 일도 정당성을 획득합니다. 돈이면 아비도 어미도 없는 세상이 됐지요. 이것이 바로 '물신주의'입니다. 물질(돈)이 신이 된 것이지요.

학생·· 정말 물신주의가 만연해 있는 것 같아요. 언제부터인가 모든 것에 가격을 매기는 일에 익숙해졌어요. 댐 건설 때문에 환경이 파괴되는데 '10조 원'의 피해가 예상된다고 말하지요. 철새 한 마리, 나무 한 그루의 생명 값을 얼마로 쳤을까요? 사람의 안구나 콩팥 같은 장기에도 가격이 매겨져서 거래되고요. 돈만 있으면 뭐든지 얻을 수 있는 사회에서 돈을 추구하지 않으면 이상한 사람이 되지요.

선생님·· 맞습니다. 자본주의사회의 생존 조건이 이러한데도, 이기

유전무죄
무전유죄
有錢無罪
無錢有罪

2020년 현재 많은 사람들이 "유전무죄 무전유죄" 한국사회에 분노와 절망을 느끼고 있다. 자본주의사회의 물신주의 경향은 세계적 차원에서 '돈'을 전지전능한 신의 지위에 올려놓았지만, 사실 돈 그 자체는 스스로 그 어떤 생산적인 가치도 창출할 수 없다. "유전무죄 무전유죄"라는 말은 한국에서 1988년 10월 '지강헌 사건'을 통해 처음 전 국민적으로 회자되었다.

적으로 굴지 말라고, 돈만 생각하지 말라고 말할 수 있을까요? 사람은 본성적으로 이기적인 것이 아니라 자본주의사회에 이기적으로 길들여집니다. 어떻게든 생존해야 하니까요. 그런데 우리에겐 이런 자본주의적 삶이 당연하고 자연스럽게 느껴지겠지만, 누구에게나 그런 것은 아닙니다.

당장 탈북자들의 눈에 비친 남한의 모습은 사뭇 다르답니다. 예전에 제가 탈북자 지인에게 물어보았습니다.

"남한에 와서 가장 놀란 일이 무엇인가요?"
"병원에 갔는데 돈을 내야 치료받을 수 있다는 걸 알고 놀랐습니다. 돈이 없으면 치료도 못 받고 죽어야 하나요? 이해가 안 됐지요."

북한은 사회주의 국가이기 때문에 오랫동안 무상교육, 무상의료를 실시했다고 해요. 그런데 남한은 완전히 다른 방식으로 병원이 운영되는 걸 보고 충격을 받았다고 합니다. 또 토지를 개인이 소유할 수 있다는 사실에도 놀랐다고 하더군요. 땅은 자연의 선물이며 공동체의 자산인데, 보이지 않는 금을 그어놓고 내 것 네 것으로 구분하니 이해할 수 없다더군요. 돈이 있어야 병원에 갈 수 있고, 개인이 땅을 소유하는 것은 자본주의사회에서는 '상식'입니다. 그런데 누군가에게는 '비상식'으로 보일 수 있는 것이지요. 우리는 자본주의사회의 특수한 현상을 보편적 현상으로 착각하고 있습니다.

학생·· 조선 시대는 신분제 사회였습니다. 당시 사람들은 양반과 상놈을 당연하게 받아들이며 살았고요. 지금 우리는 역사를 공부하며 조선의 신분제를 비판적으로 보는데요. 미래의 후손들이 역사를 공부하면서 지금의 자본주의사회를 비판적으로 볼 수도 있겠네요.

선생님·· 진화심리학이라는 학문 분야가 있습니다. 최근 각광받는 학문인데요, 인간의 심리를 진화론의 관점에서 연구하는 학문이지요.

인간의 심리 현상은 궁극적으로는 뇌라는 단백질 덩어리의 신진대사 결과입니다. 뇌는 진화 과정에서 생존과 번식에 적합한 방식으로 형성되었을 겁니다. 인간의 본성적 심리는 진화 과정의 부산물이라는 이야기지요. 앞서 언급했듯이 식욕과 성욕이라는 심리는 생존(식욕)과 번식(성욕) 과정과 긴밀하게 연결된다는 것과 비슷한데요. 그런 이유로 뇌 활동의 결과인 인간의 심리를 제대로 이해하려면, 인류의 진화 과정을 들여다봐야 한다는 겁니다.

인간에게는 식욕과 성욕만큼 본능적인 '인정 욕구'가 있습니다. 직장인이 상사에게 인정받고, 학생이 부모와 스승에게 인정받고, 정치인이 국민에게 인정받고, 사회운동가가 동지들에게 인정받고… 음식이 육신의 양식이라면 인정은 정신의 양식이라고 할 수 있을 만큼, 인간은 인정을 갈구합니다. 왜 우리에게 이런 인정 욕구가 본능적으로 탑재되어 있을까요?

진화심리학의 맥락에서 보면 이렇게 설명할 수도 있다고 생각합니다. 인간에게는 호랑이처럼 억센 근육과 발톱도 없고 토끼처럼 재빠른 다리도 없지요. 이 탓에 혼자서 생활하면 생존과 번식 확률이 크게 떨어집니다. 그런 이유로 인간은 진화 과정에서 무리를 이루어 생활하게 됐습니다. 이런 상황과 조건에서 어떤 개인이 무리에서 배제되는 것은 사형 선고나 다름없습니다. 피해야 할 두려운 상황인 것이지요.

무리에서 배제되지 않으려면 다른 이들에게 '인정'받는 게 중요합니다. 좋은 평판을 얻으면 무리에서 배제될 확률은 낮아지고 생존과 번식 확률은 높아집니다. 자신의 유전자를 후대에 남길 수 있겠지요. 이런 삶의 방식이 진화 기간 내내 지속되면서 우리의 유전자에 인정 욕구라는 흔적을 남긴 것은 아닐까요? 우리가 호랑이라면 굳이 남에게 인정 따위를 받아야 할 이유는 없겠지요. 자신의 생존과 번식을 무리 속에서 확보할 필요가 없는 호랑이에게 인정 욕구가 있다면 얼마나 어색하겠어요?

이런 맥락에서 보면 인간은 오히려 무리로부터 인정받기를 갈구하는 공동체 지향적 유전자가 있다고 말할 수 있습니다. 그런데 자본주의 시스템에서는 생존과 번식을 위해서 '공동체'보다는 '화폐'를 섬겨야 합니다. 모든 것이 돈으로 거래되는 자본주의 상품 사회에 던져져, 공동체 구성원 사이의 유대감을 상실하고 통장 잔액에 의지합니다. 안타깝게도 우리는 '천상천하유아독존'일 수 없습니다. 공동체 구성원의 인정으로부터 안도감과 행복감을 느끼도록 진화해온 '인간'이지요. 차갑고 메마른 화폐 관계 속에서는 공동체에 대한 진정한 소속감을 얻을 수 없습니다.

때문에 자본주의사회에서 적지 않은 사람들이 소외감으로 정신적 양식이 결핍되어, 심하면 우울증과 공황장애 등 정신적 영양실조에 시달립니다. 산업화가 고도로 진행되면서 정신적으로 불안정한 사람이 폭증하는 이유가 여기에 있습니다. 이기심과 물신주의를 증폭시키는 자본주의 시스템이 오랜 진화 과정에서 형성된 인간의 공동체적 본성과 충돌하는 것이지요. 그 모순과 갈등이 정신질환이라는 증상으로 나타납니다.

학생·· 인간에게 이기심이 아니라 오히려 공동체적 본성이 있다니, 전혀 생각하지 못한 내용입니다. 그렇다면 자본주의사회가 계속되는 한 인간에게는 희망이 없는 건가요? 모두가 이기심과 물신주의의 노예가 되어 사회는 병들어가기만 할까요?

선생님·· 인간은 주어진 환경에 의해 주조되어 로봇처럼 살아가는 존재가 아닙니다. 로봇은 감정이 없지만, 인간은 감정이 있습니다.

불행한 사회가 계속되면 사람들이 슬픔과 분노를 느낄 겁니다. 도대체 무엇이 잘못됐는지 고민하고 분석하겠지요. 분노와 슬픔은 감성의 영역이고 문제에 대한 분석은 이성의 영역입니다. 감성이라는 프로펠러는 추진력을 제공하고 이성이라는 방향타는 나아갈 방향을 제시합니다. 감성과 이성의 상호작용을 통해 인간은 자유로운 두 손으로 세상을 바꾸는 것이지요. 인간은 환경으로부터 영향을 받지만, 자유로운 두 손으로 환경을 바꾸는 존재이기도 하니까요.

자본주의사회는 분명 이전 사회보다 장점이 많습니다. 하지만 여기가 인류의 종착역은 아닙니다. 자본주의사회의 모순과 갈등을 지양해 더 나은 사회로 나아가야지요. 자신의 노동이 소중한 만큼 다른 사람의 노동도 소중하다는 것을 깨닫고, 서로 존중하며 어우러져 사는 공동체를 만드는 것이 우리의 과제입니다. 그런 사회야말로 우리의 유전자에 새겨진 공동체 본성에 잘 들어맞지 않을까요? 마르크스는 생산수단의 사회적 소유가 실현되는 사회주의사회로 이행해야 이기심과 물신주의에 찌든 자본주의적 인간형이 극복되고 인간의 본성에 잘 들어맞는 사회주의적 인간형이 형성되리라 생각했습니다.

학생·· 확실히 자본주의사회에는 많은 모순이 존재합니다. 하지만 변증법적 유물론에 의하면, 그런 모순들이 결국에는 변화 발전의 원동력이 되잖아요. 새로운 사회로 변화할 가능성을 품고 있는 것이지요. 모순이 변화 발전의 원동력이라는 통찰은 알면 알수록 놀랍습니다.

토대와 상부구조의 상호작용

────────

선생님·· 토대와 상부구조의 이야기를 하다가 인간의 본성에 대해 좀 장황하게 다룬 것 같네요. 그래도 재밌지 않았나요? 자본주의적 '토대'가 그에 걸맞은 '상부구조'를 형성하고 인간의 심층 심리에도 큰 영향을 끼친다는 이야기지요. 사실 법, 철학, 예술, 도덕, 관습, 종교, 문화 등의 상부구조는 그 사회에 속한 인간의 의식에 매우 강력한 영향을 끼칩니다. 사적 소유를 중요시하는 자본주의 문화에서 살면 사적 소유 개념이 머릿속에 고정관념으로 자리 잡는 것처럼 말이지요.

토대가 상부구조를 규정한다는 이야기는, 다른 한편으로 토대가 변하면 상부구조도 그에 따라 변화한다는 의미입니다. 지주-농노의 봉건적 생산관계에서 자본가-노동자의 자본주의적 생산관계로 전환되면서, 봉건적인 신분제(상부구조)는 철폐되었습니다. 대신 자신의 신체를 자기 마음대로 처분할 수 있는 자유가 법(상부구조)적으로 보장되었지요. 예술도 변했습니다. 예전에는 귀족의 연회나 만찬 또는 종교 행사를 위한 음악이 대세였다면, 자본주의사회로 이행하면서 극장에서 표를 구매하는 중산층을 위한 오페라나 연주곡이 활발하게 작곡되었습니다.

학생·· 확실히 토대가 변하면 그에 따라서 자연스럽게 상부구조도 따라 변할 수밖에 없겠군요. 존재가 의식을 규정하니 말이에요.

선생님·· 그렇게 볼 수 있지요. 지금까지는 상부구조가 토대에 의해서 규정된다는 이야기를 주로 했습니다. 하지만 토대와 상부구조의 관계가 일방적인 것은 아닙니다. 상부구조가 거꾸로 토대에 적극적으로 반작용을 하기도 합니다. 예컨대 봉건사회에서 자본주의사회로 이행하는 시기를 보면, 경제적으로는 부르주아계급이 귀족들보다 우위에 있음에도 불구하고 기존의 봉건적 관습이나 제도들이 상부구조로서 상당 기간 부르주아계급의 성장을 강하게 억누릅니다. 낡은 상부구조가 새로운 경제적 토대의 성장을 막는 것이지요. 물론 긴 호흡에서 보면 결국 상부구조는 토대의 변화를 따라갈 수밖에 없지만요.

학생·· 생산력과 생산관계가 생산양식으로 통일되어 있으면서도 상호 모순과 갈등의 가능성을 품고 있는 것처럼, 토대와 상부구조도 서로 통일되어 있으면서 상호 모순과 갈등의 요소를 품고 있네요.

선생님·· 맞습니다. 그러한 모순을 통해 사회는 역동적으로 변화 발전하고요. 그런 이유로 사회의 경제적 토대와 상부구조를 종합적으로 분석하는 것은 역사 연구에서 매우 중요합니다. 특정 사회의 제도나 문화, 종교, 사상 등의 상부구조를 제대로 이해하기 위해서는 해당 사회의 경제적 토대 연구가 필수입니다.

학생·· 사회의 다양한 측면이 토대와 상부구조라는 개념으로 일목요연하게 정리되니 역사 유물론이 더욱 매력적으로 느껴집니다. 대충 끼워 맞추는 식이 아니라 일관된 과학적 분석 속에서 역사를 설명할 수 있잖아요. 왜 학교에서 이런 내용을 가르쳐주지 않을까요?

선생님·· 마르크스가 뿔난 도깨비라서 그런 걸까요?

학생·· 의미심장한 말이네요. 새겨서 듣겠습니다. 후훗.

선생님·· 언중유골이라고 하지요. 하하. 이번 시간은 이 정도로 마무리하겠습니다.

생각해봅시다

‐‘토대’와 ‘상부구조’에 대해서 이야기해봅시다.

‐인간은 본성적으로 이기적일까요?

‐자본주의적 인간형에 대해서 이야기해봅시다.

그들의 이익은 우리의 손해

계급투쟁과 국가

강의 주제

- '착취'의 의미
- 지배계급과 피지배계급
- 사회현상으로서의 계급투쟁
- 자본주의 국가가 수행하는 핵심적인 역할

선생님‥ 이번 시간은 '계급'에 대한 이야기에서 시작하지요. 노예제 사회에서는 노예 계급과 노예주 계급이, 봉건사회에서는 지주 계급과 농노 계급이, 자본주의사회에서는 자본가계급과 노동자계급이 대립합니다. 계급을 나누는 기준이 뭐였는지 기억하시나요?

학생‥ 생산수단 소유 여부로 나눴습니다.

선생님‥ 잘 알고 있군요. 더 파고 들어가볼까요? 계급사회에서는 생산수단을 소유한 계급과 생산수단을 소유하지 못한 계급 사이에 착취 관계가 형성됩니다. 착취가 뭔지 아시나요?

구조적 착취, 빈부 격차, 계급

학생·· 다른 사람 등 처먹고 사는 게 착취 아닌가요? 이를테면 노예주는 노예가 일한 성과물을 자신이 모두 가지잖아요. 자신이 노예의 주인이라는 이유만으로 노예들이 일한 결과물을 가져가니까 착취하는 것이지요.

학생·· 노예제처럼 심하지는 않더라도 봉건사회 역시 착취 사회였어요. 서양 중세 봉건사회를 보면 농노들이 귀족 소유의 땅에 속박되어 농사를 짓는데, 일주일에 사흘은 영주가 직접 관리하는 땅에 가서 의무적으로 일해야 했으니까요. 영주는 귀족 신분이라는 이유로 토지를 대대손손 세습하며 농노를 지배하고 강제로 일을 시키지요. 자신이 귀족이라며 농노를 착취하는 것입니다.

선생님·· 잘 알고 있네요. 그런데 착취가 존재하면 필연적으로 따라오는 현상이 있습니다. 바로 빈부 격차지요. 착취는 남이 일한 성과를 빼앗는 것입니다. 노예제 사회나 봉건사회를 보면 착취 현상이 '구조적'입니다. 생산수단을 소유한 계급이 생산수단을 소유하지 못한 계급을 사회구조를 통해 착취하니까요. 한쪽이 다른 쪽을 일방적으로 계속 착취하는 게 어떤 결과를 낳을까요? 착취하는 쪽은 부자가 되고, 착취당하는 쪽은 가난해집니다. 불평등한 사회

구조로 인해 빈부 격차가 발생하는 것이지요.

학학생·· 당연히 그렇겠네요. 제가 영주고 농노가 1,000명 있다면, 1,000명의 농노가 일주일에 사흘씩 저를 위해서 일을 해주잖아요. 저는 엄청난 부자가 될 수밖에 없겠네요.

선생님·· 맞습니다. 구조화된 착취는 구조화된 빈부 격차를 낳지요.

학생·· 그렇다면 빈부 격차가 만성적으로 존재하는 사회는 구조적으로 착취가 존재할 가능성이 크겠네요. 자본주의사회도 빈부 격차가 심하잖아요. 소수의 자본가가 막대한 부를 누리고 대다수 노동자는 삶이 팍팍하니까 말이에요. 자본주의사회에서도 착취가 존재하는 건가요?

선생님·· 마르크스는 자본주의 역시 착취에 기반을 둔 사회라고 보았습니다. 《자본론》 들어봤지요? 정말 유명한 책이지요. 마르크스는 《자본론》에서 자본주의가 착취 사회임을 과학적으로 증명합니다. 보통 마르크스의 《자본론》을 사회주의, 공산주의에 관한 책으로 오해하는데, 《자본론》은 자본주의사회를 분석한 책입니다. 분량이 엄청나고 내용도 난해해서 악명이 높지요.

　앞서 이야기했듯이 노예제 사회나 봉건사회는 착취 현상이 눈에 확연합니다. 노예는 도구처럼 부려지고, 농노는 일주일에 사흘을 귀족을 위해 일해야 합니다. 누가 봐도 착취지요. 노예나 농노는 신분적으로 자유가 제약되어 있었고요. 그런데 자본주의사회의 노동자는 자유민입니다. 신분적 억압이 없고 자신의 노동력을 자신의 의지대로 판매할 수 있습니다. 자본가에게 고용되면 한 달 일하고 월급을 받지요. 서로 원하는 것을 주고받는 계약 관계입니다. 겉보기만으로는 자본주의가 착취 사회인지 파악하기 힘들지요.

하지만 학생의 말처럼 자본주의사회는 엄청난 빈부 격차가 존재합니다. 마르크스의 《자본론》은 겉으로 드러나지 않는 자본주의사회의 은밀한 착취 구조를 과학적으로 밝혀낸 책입니다. 시간이 된다면 이번 강의에서 다루고 싶지만 너무나 방대한 분량입니다. 관심 있는 사람은 마르크스 《자본론》을 직접 읽어보세요. 핵심 내용을 쉽게 설명하는 《새로 쓴 원숭이도 이해하는 자본론》도 좋고요.

학생·· 《새로 쓴 원숭이도 이해하는 자본론》은 선생님이 쓴 책 아닌가요?

선생님·· 헉! 민망해서 이야기 안 하려고 했는데, 맞아요. 제가 쓴 책입니다. (황급히 화제를 전환하며) 다시 본론으로 돌아와서, 지배계급은 불평등한 사회구조를 통해 이익을 얻기 때문에 계급사회의 불평등을 자연스러운 현상이라고 그럴싸하게 포장합니다. 포장 방법은 다양합니다. 옛날에는 자신들의 선조가 알에서 태어났다거나 신에게 은총을 받았다는 식으로 포장했지요. 자본주의사회에서는 자신의 희소성과 개인 능력 차이에서 빈부 격차가 발생한다는 식으로 현실을 정당화합니다. 빈부 격차는 지극히 자연스러운 현상이라는 이야기지요. 많은 자본주의 경제학 교과서들이 이렇게 이야기합니다.

하지만 계급과 빈부 격차의 발생은 필연적 현상이 아니라 일정한 경제 발전의 산물입니다. 인류 역사를 보면 노예제 사회, 봉건사회, 자본주의사회 같은 계급사회가 존재하기 이전에 원시공동체 사회가 있었습니다. 원시공동체 사회에서는 생산수단을 독점하는 세력이 존재하지 않았기 때문에 무계급사회였지요. 주로 수렵이나 채집 등으로 삶을 유지했습니다. 공동체 성원이 함께 협력하고 힘을 모아야만 생존이 가능했지요. 누가 누구를 착취하는 일이 없었습니다. 그럴 여건이 되지 않았지요. 모두가 입에 풀칠하기 바쁜데 다른 사람에게서 빼앗을 것이 있겠어요?

하지만 지식이 발전하면서 사용하는 도구의 성능이 개선되었습니다. 무엇보다도 농경사회로 진입하면서 인류의 생산력이 비약적으로 발전했지요. 사람들은 자신의 생존에 필요한 것 이상의 생산물, 즉 잉여생산물을 만들어내게 되었습니다. 농업 기술이 발전해 부족 구성원의 일부만 농사를 지어도 전체 생존에 필요한 식량을 확보할 수 있는 상황이 되자, 농업 이외의 분야도 발전할 여건이 조성됩니다. 도기, 옷, 신발, 집 등을 전문적으로 만드는 장인이 등장하면서 사회적 분업이 형성되기 시작했습니다. 분업을 통한 전문화로 생산력이 더욱 증가하고, 잉여생산물의 거래와 교환 과정에서 화폐가 탄생하고 상업이 발전합니다. 이러한 과정에서 사적 소유에 대한 개념이 형성되고 구성원 사이에 빈부 격차가 발생합니다.

잉여생산물이 발생하면서 타인을 노예로 부릴 가능성이 열립니다. 한 개인이 자신의 생존에 필요한 것 이상을 생산할 수 없는 사회라면 노예제가 성립할 수 있을까요? 노예를 부려봐야 거기에서 추가로 나오는 것이 없는데요. 생산력이 일정 수준 이상으로 발전해야 노예가 경제적으로 유용성을 갖습니다. 생산력이 일정 수준을 넘어서자 부족 구성원 중 일부는 노예와 토지 등의 생산수단을 사적으로 소유하게 되었고, 그 과정에서 원시공동체 사회는 노예제 사회라는 계급사회로 이행하게 됩니다. 지배계급은 자신들이 생산수단을 소유하고 사회를 지배 및 통제하는 현실을 신화나 종교 등의 이데올로기 장치로 정당화시켰고요. 물론 이런저런 차이가 있지만 봉건사회, 자본주의사회도 잉여생산물에 기반을 둔 계급사회입니다.

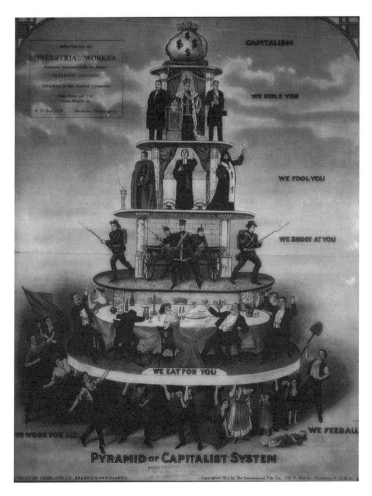

자본주의를 풍자한 1911년의 한 삽화. 생산수단의 소유 여부로부터 발생하는 소수 지배계급과 다수 피지배 노동 대중의 관계는 여러 현상적이고 질적인 차이에도 불구하고 과거 노예제, 봉건제 사회부터 현대 자본주의사회까지(산업화든, 정보화든, '4차 혁명'이든) 이어지고 있다. ⓒ IWW

학생·· 저는 이제까지 사회에서 계급이 발생하는 이유가 그저 능력의 차이 때문이라고 생각했는데요. 특정한 경제적 조건이 충족되어야 계급 관계가 형성될 수 있군요.

사회현상으로서의 계급투쟁의 중요성

선생님·· 계급이 어떻게 발생했는지 이해가 되지요? 그러면 이제 '계급투쟁'에 대해 이야기해봅시다. 계급투쟁이라는 단어를 들으면 어떤 느낌이에요?

학생·· 역사 유물론 시작할 때 대강 말씀해주셨지만, 그래도 여전히 사회 갈등을 조장하는 폭력적인 느낌이랄까요? 뭔가 선동할 것 같습니다.

학생·· 저도 비슷한 느낌을 받아요. 솔직히 거부감이 듭니다. 조화롭고 평화로운 사회에 분란을 일으키는 느낌이잖아요. 순진한 사람들을 부추겨서 반란을 꾀하는 느낌?

선생님·· 대부분 비슷한 느낌일 겁니다. 그런데 마르크스가 이야기하는 계급투쟁은 '지배계급을 타도합시다' 같은 의미는 아닙니다.

앞서 말했듯이 '계급투쟁'을 사회현상으로서 과학적으로 분석한 것이지요.

계급투쟁은 근본적으로 계급 간 이해관계가 대립하고 충돌하기 때문에 일어납니다. 노예제 사회를 생각해보면, 노예주 입장에서는 가능하다면 노예에게 일을 많이 시켜야 합니다. 노예 확보에 들인 비용이 있을 테니까요. 반면 노예는 열심히 일해도 자기 몫이 아니니 가능하다면 농땡이 치려고 하겠지요. 이렇게 서로의 이익이 충돌할 경우 갈등이 야기될 확률이 높아집니다. 구조적인 모순이 존재하는 것이지요. 알다시피 노예들이 자신들이 처한 상황에 분노해 반란을 일으키는 일은 비일비재했습니다.

봉건사회도 마찬가지입니다. 봉건영주는 농노에게 더 많은 지대를 수취할수록 이득입니다. 반면에 농노는 영주의 착취가 심할수록 가난해지지요. 이렇듯 지주 계급과 농노 계급의 이해관계가 충돌합니다.

자본주의사회 역시 마찬가지지요. 자본가는 임금을 줄일수록 이윤이 증가하지만, 노동자는 임금이 줄어들수록 살기 힘듭니다. 비정규직 문제는 이러한 상황을 극명하게 보여주지요. 자본가는 비정규직을 선호하는 반면 노동자는 비정규직을 벗어나려고 몸부림칩니다.

구조적인 계급 갈등은 계급투쟁을 불러일으킵니다. 수많은 농민이 봉건 지주에 맞서 봉기했습니다. 《삼국지》에 나오는 황건적의 난이 떠오르네요. 삼국지는 지배계급의 입장에서 서술됐기 때문에 황건적을 단순한 폭도로 묘사했지만, 본질은 지배계급에 불만을 가진 농민들의 계급투쟁이었지요. 그래서 현대 중국에서는 황건적黃巾賊이 아니라 황건군黃巾軍으로 부른다고 합니다.

학생‥ 저는 나관중의 《삼국지》를 읽을 때나 게임을 할 때 은연중에 황건적을 도적이라고만 생각했는데요. 관점의 변화에 따라 평가가 달라지네요. 그런데 투쟁을 선동하는 것도 맞지 않나요? 황건적의 난에서도 지도자인 장각이 태평도라는 종교로 사람들을 선동했잖아요.

선생님‥ 하지만 선동한다고 사람들이 무조건 봉기에 나설까요? 우리가 천국에 산다고 생각해봅시다. 사람들은 근심 걱정 없이 행복하겠지요. 황건적의 지도자 출신인 장각이 천국에 사는 사람들에게 가서 '당신들은 착취당하고 있다. 부당한 대우에 맞서 싸우자'라고 부추긴다고 사람들이 움직일까요? 극히 일부는 속아 넘어갈 수도 있겠지만, 대부분은 장각을 문전박대할 겁니다. 살기 편한데 그런 선동이 먹힐 리가 없지요.

학생‥ 누군가가 선동하더라도 구조적인 모순이 존재하지 않으면 계급투쟁이 발생하지 않겠군요. 장각이 아니더라도 당시 중국의 상황에서는 누군가 불씨만 당기면 투쟁이 폭발할 상황이었다는 거구요.

선생님·· 마르크스가 계급투쟁을 중요하게 생각했던 이유는, 그것이 사회 변화의 근본적인 동력이기 때문입니다. 일반적으로 계급투쟁이라고 하면 사회 혼란을 조성하는 행위라고만 생각합니다. 하지만 착취계급에 맞서는 피착취계급의 계급투쟁은 역사적으로 새로운 사회를 여는 주요한 동력이었지요.

노예제 사회에서는 노예주에 대한 끊임없는 저항과 투쟁이 있었습니다. 이러한 투쟁들은 노예제 사회가 무너지고 새로운 봉건제 사회를 여는 데에 중요한 역할을 했습니다. 봉건사회에서 지주계급에 대항하는 농민의 투쟁은 봉건사회가 역사의 뒤안길로 사라지고 자본주의사회가 열리는 데에 적지 않은 역할을 했고요. 자본주의사회에서도 자본가계급에 대항하는 노동자계급의 투쟁 덕분에 노동자와 서민의 권리를 보장하는 법과 제도가 도입되었지요. 계급투쟁의 과정을 통해 노예는 신분적 억압에서 벗어날 수 있었고, 봉건사회의 농노는 봉건적 족쇄와 억압을 깨부술 수 있었으며, 노예제 사회에서 봉건제 사회로, 봉건제 사회에서 자본주의사회로 이행할 수 있었던 것이지요.

학생·· 그렇다면 자본주의사회에서는 노동자의 투쟁이 사회 발전의 중요한 동력이 되겠군요. 저는 노동자들의 파업이나 집회 관련 뉴스를 접하면 눈살을 찌푸렸는데, 수업을 들으니 다른 측면에서 보게 되네요. 그런데 봉건사회가 자본주의사회로 이행하는 것에서는 봉건영주와 신흥 부르주아계급 사이의 계급투쟁이 중요한 것 아닌가요? 둘 사이의 주도권 다툼에서 부르주아계급이 이겨서 자본주의로 이행한 것인데요. 농민의 투쟁은 그러한 상황을 고려하면 부차적인 것 아닐까요?

선생님·· 날카로운 지적입니다. 학생 이야기처럼 부르주아계급과 봉건영주 사이의 계급투쟁이 핵심적 요소였지요. 하지만 봉건영주에 맞선 농민의 투쟁 역시 봉건 지배 질서를 뒤흔드는 중요한 역할을 했습니다. 근대 자본주의 사회로의 이행기에는 낡은 봉건적 질서와 새로운 자본주의적 요소가 동시에 존재하면서 봉건영주의 지배력 약화가 다양한 형식으로 표출됩니다. 한쪽에서는 농민의 투쟁으로, 다른 쪽에서는 부르주아계급의 도전으로 나타나는 것이지요.

사회현상을 정확히 파악하기 위해서는 사회를 구성하는 다양한 계급계층의 이해관계와 모순 및 갈등을 종합적으로 분석할 필요가 있습니다. 역사 현상을 과도하게 도식적으로 이해하고 접근하면 자칫 오류에 빠질 수도 있어요. 실체적 진실은 망원경이나 현미경 중 어느 하나만으로는 정확히 파악할 수 없지요. 사안을 현미경으로만 보면 전체적인 구도를 놓치게 되고, 망원경만 이용하면 세세한 디테일을 놓치게 되지요. 마르크스의 역사 유물론은 역사를 보는 거시적 시각을 제공한다는 측면에서 망원경에 비유할 수 있습니다.

국가의 탄생: 합법적인 폭력의 배타적 독점권

선생님·· 계급과 계급투쟁에 이어서 이제 '국가'에 대해 이야기해봅시다. 지금까지 배운 내용으로 보면 계급사회는 안정적일까요? 아니면 불안정할까요?

학생·· 당연히 불안정하지요. 소수가 다수를 착취하는 사회이니 불만을 가진 사람들이 많을 테고요. 계급 간 갈등이 폭력 사태를 낳기도 하겠지요.

선생님·· 학생의 말처럼 불안정할 겁니다. 그렇기 때문에 지배계급 입장에서는 불안정한 상황을 억누르고 관리해야 권력을 유지하고 부를 축적할 수 있겠지요. 화가 난 노예나 농민, 노동자를 적절히 관리하지 못하면 권력을 잃을 테니까요. 그때 다수 대중을 억누르는 관리하는 역할을 하는 기구가 '국가'입니다. 마르크스는 국

가를 한 계급이 다른 계급을 지배하기 위한 기구, 즉 지배계급의
권력 기구로 보았습니다.

학생·· 국가는 사회구성원들의 이해와 갈등을 조정하는 중간자
역할을 하지 않나요? 법을 제정해서 질서를 유지하고 사람들의 권
리를 보호하기도 하고요. 마르크스의 국가관은 너무 치우친 견해
같은데요?

선생님·· 물론 국가의 모든 기능이 지배계급의 권력을 유지하기 위
해서만 존재하는 건 아닙니다. 하지만 마르크스는 국가의 여러 특
성 중 '폭력을 배타적이고 합법적으로 행사'하는 측면에 주목합니
다. 앞서 이야기했듯이 지배계급과 피지배계급 사이에는 계급투
쟁의 가능성이 상존합니다. 그 때문에 피지배계급을 통제하기 위
해 경찰, 법원, 감옥, 군대 같은 조직된 폭력 기구가 필요하지요. 국
가가 행사하는 폭력은 법으로 정당성을 부여받습니다. 군대와 경
찰은 폭력을 합법적으로 행사할 수 있지만, 사회의 나머지 성원들
이 행사하는 폭력은 불법행위입니다. 요컨대 지배계급은 생산수
단을 독점적으로 소유하면서 사회를 경제적으로 지배하고, 국가
기구를 통해 폭력을 독점적으로 행사하면서 정치적으로 지배하
는 것이지요. 그런 의미에서 국가는 경제적 토대 위에 존재하는 정
치적 상부구조입니다. 노예제 사회의 경제적 토대에 맞는 노예제

국가가 존재하고, 봉건제 사회의 경제적 토대에 맞는 봉건제 국가가 존재하며, 자본주의사회의 경제적 토대에 맞는 자본주의 국가가 존재하는 것이라는 말입니다.

국가의 탄생은 계급사회의 발생과 맞물려 있습니다. 국가는 본질적으로 계급 억압 기구이기 때문에 계급의 존재가 전제조건이지요. 무계급사회였던 원시공동체 사회에서는 한 계급에 의한 다른 계급의 착취가 존재하지 않았기 때문에, 사회 내에서 어떤 집단이 다른 집단을 억압해야 할 이유가 없었습니다. 공동체 구성원은 각자 무기를 가지고 있었으며, 그것으로 사냥을 하거나 다른 부족의 침입을 막았습니다.

하지만 생산력이 발전하고 계급사회로 이행하면서 상황은 변했습니다. 사회 구성원이 동등하게 무장을 하는 것이 부담스러워졌습니다. 만약 노예주나 노예 모두 동등하게 무장했다고 칩시다. 노예들이 화가 나면 무기를 들고 노예주에 맞서 저항하겠지요. 그것을 지배계급이 용인할 수 있을까요? 그렇기 때문에 국가가 폭력을 독점하고 그 국가 기구를 지배계급이 통제하는 상황에 이른 것이지요. 국가의 법이나 제도 역시 지배계급의 이익을 대변하는 방식으로 제정됐고요. 예컨대 노예제 사회에서는 노예가 주인의 재산임을 법으로 보장합니다. 사회가 발전하면서 국가의 역할도 다양해졌으며 해당 업무를 전문적으로 담당하는 관료도 필요해졌습니다. 거대한 국가 관료 조직을 유지하기 위해 국민으로부터 세금을 징수하고요. 하지만 계급 억압 기구라는 본질은 변하지 않았습니다.

학생·· 저는 국가가 사회구성원들의 요구와 합의를 통해 탄생했다고 생각했는데요. 계급 갈등을 억누르는 지배계급의 폭력 기구가 국가라는 해석을 접하니 충격적이네요.

학생·· 그렇다면 자본주의사회의 국가도 자본가계급의 이익을 대변하는 억압 기구인가요?

선생님·· 마르크스는 자본주의 국가를 자본가계급의 지배를 위한 억압 기구로 보았습니다. 마르크스와 엥겔스가 함께 쓴 《공산당 선언》에는 다음과 같은 구절이 나오지요.

마침내 거대 산업과 세계시장이 건설된 이후, 부르주아계급은 현대적 대의제 국가에서 배타적인 정치 지배권을 쟁취했다. 현대적 국가권력이란 부르주아계급 전체의 공동 업무를 맡아보는 위원회에 지나지 않는다.

대다수 사람은 국가가 사회 구성원을 중립적으로 대변한다고 생각하기 쉽습니다. 법은 누구에게나 공평하다고 믿잖아요. 정말

기준업을 근수하라

현대 자본주의 국가는 법과 제도의 운영, 공권력 독점, 세금 징수 외에도 화폐 발행과 금리 조정, 기간산업 통제 및 공기업 운영, 정부 기관 활동 등의 여러 정책 수단을 통해 경제활동에 커다란 영향을 끼친다. 노동자들이 기업을 넘어 정부를 상대로 하는 투쟁을 벌이게 되는 이유다.

대통령, 노동청에 진정서를 냈지만 아무 소용이 없자 1970년 11월 13일 "근로기준법 화형식"을 진행하고 산화한 전태일 열사가 직접 쓴 글(위), 2018년 정부 산하 공기업 한국서부발전이 운영하는 태안화력발전소에서 비정규직으로 일하다 석탄 이송 컨베이어 벨트 산업재해로 사망한 김용균 노동자의 유품(아래). - 출처: 전태일재단, 김용균재단.

그럴까요? 한동안 '작고 강한 정부'라는 슬로건이 유행했습니다. 지금까지도 핵심적인 생각이 어어지고 있지요. 비대하고 방만한 정부의 크기를 줄여서 효율화하고, 정부가 불법행위에는 강하게 대처해야 한다는 건데요. 그런 표어에 숨어 있는 계급적 의미를 살펴볼 필요가 있습니다.

　작은 정부의 핵심은 민영화입니다. 교육, 의료, 전기, 통신, 철도, 수도 등을 민간 시장에 맡기는 것이지요. 국가 의료보험을 축소하고 영리병원이나 민간 보험회사에 의료 부문을 돈벌이 시장으로 내어주는 것이 의료 민영화입니다. 교육에 대한 정부의 책임을 축소하면 공교육은 무너지고 학교는 사학재단들의 돈벌이 수단으로 전락합니다. 입시교육의 무한경쟁 속에서 학생들은 기업 맞춤형 인재라는 명목 아래 회사의 부속품으로 전락합니다. 전기, 통신, 철도, 수도 등을 민영화하면 어떻게 될까요? 공공적 성격은 사라지고 자본의 이윤 추구 대상이 되어 가난한 사람들은 이러한 서비스에 접근하기 힘들어집니다. 이렇듯 정부의 공공 기능을 자본가계급의 돈벌이 수단으로 내주는 게 '민영화'입니다.

　민영화와 동시에 주문처럼 외우는 것이 '감세'입니다. 세금 깎아주겠다니 좋아 보이지만 실상은 다릅니다. 주로 기업인이나 자산가가 내는 세금을 깎아주는데, 부자들 세금을 대폭 깎으면 국가의 세금 수입은 줄어듭니다. 정부는 세수가 줄어드니 지출을 줄여야 하는데 복지 축소로 귀결되지요. 가난한 이들의 복지를 빼앗아 부자에게 돌려준다, 이것이 바로 감세의 본질입니다. 작은 정부는 일반적으로 규제 완화도 추진하는데, 그중에 자연환경이나 노동자의 권리를 보호하기 위한 규제가 적지 않습니다. 자본가계급의 이윤 추구에 방해가 되기 때문에 그러한 규제가 폐기되지요.

그렇다면 강한 정부란 무엇일까요? 알다시피 민영화, 감세, 규제 완화가 추진되면 자본가의 호주머니는 두둑해지지만 노동자와 서민의 삶은 힘들어질 수밖에 없습니다. 화가 난 사람들이 집회와 시위에 나서면 바로 이때 강한 정부가 필요하지요. 못살겠다고 거리로 나온 사람들에게 '준법', '엄격한 법 집행' 등의 명분을 내세워 공권력으로 강하게 억누릅니다. 그렇지 않으면 자본가계급의 지배가 유지될 수 없으니까요. 이것이 바로 작고 강한 정부의 실체입니다.

학생·· 마르크스의 이야기도 일리는 있어 보여요. 작고 강한 정부가 노동자계급의 입장에서는 바람직하지 않은 방향이라는 생각도 들고요. 그런데 모든 정부가 노동자와 서민한테 못되게 구는 건 아니잖아요. 좌파 정부가 들어서서 노동자와 서민에게 유리하게 법과 제도를 바꾸는 일도 있고요. 자본주의 국가들도 사회주의적 성격이 강한 복지제도를 대폭 도입하면서 과거와 비교해 많이 달라졌습니다. 국가를 무조건 지배계급의 억압 기구로만 바라본다면 이런 경우는 어떻게 설명할 수 있나요?

선생님·· 좋은 의견이에요. 국가는 기본적으로 계급 억압 기구의 성격이 강하지만 하부구조(경제적 토대)의 변화에 맞춰 끊임없이 모습을 바꿔온 것도 사실입니다. 상부구조인 국가의 변화는 경제적 토대와 계급 관계의 변화를 반영할 테니까요. 자본주의 국가 또한 내부의 모순과 갈등이 격화되고 계급 간 역관계가 바뀜에 따라 끊임없이 바뀝니다. 노동자계급의 힘이 성장함에 따라 노동자의 권리를 보장하는 법률이 강화되는 것처럼 말이지요.

다음 시간에는 그러한 사회혁명의 과정을 더 구체적으로 다뤄볼 예정입니다. 마르크스 철학 수업도 거의 목적지가 보이는군요. 유종의 미를 거둡시다. 다음 시간에 뵙겠습니다.

생각해봅시다

◦ 지배계급과 피지배계급은 어떻게 나뉠까요?

◦ 계급사회에서 착취는 어떻게 발생할까요?

◦ 무계급사회인 원시공동체 사회에서
계급사회가 발생하는 과정을 이야기해봅시다.

◦ 계급사회에서 국가의 기능에 대해 이야기해봅시다.

◦ 작고 강한 정부에 대해서 이야기해봅시다.

진정한 민주주의를 위하여

사회혁명과 주체

강의 주제

- 마르크스 철학에서 '혁명'의 의미
- 사회혁명 주체의 조건
- '독재'의 의미
- 진정한 민주주의
- 인간의 실천과 역사의 발전

선생님·· 이번 시간에는 '혁명革命'에 대해 이야기하겠습니다. 여러분은 그동안 역사를 공부하며 다양한 혁명을 접했을 텐데요. 프랑스혁명, 러시아의 사회주의혁명, 4.19혁명, 태조 이성계의 역성혁명 등 수많은 혁명이 있지요.

학생·· 산업혁명도 있고, 문화혁명이나 농업혁명도 있잖아요.

선생님·· 학생의 말처럼 혁명이라는 단어는 사회 각 분야에서 폭넓게 사용되고 있습니다. 근본적인 변화가 일어났을 때 혁명이라는 단어를 사용하지요. 여기에서는 마르크스 철학의 맥락에서 '혁명'을 살펴보겠습니다.

　마르크스 철학에서 혁명이란 '지배계급의 교체와 사회 시스템의 진보적 변화'를 의미합니다. 그런 이유로 4.19혁명이나 이성계의 역성혁명은 엄밀하게 말하자면 '혁명'이 아닙니다.

학생·· 4.19혁명 때문에 이승만 정권이 무너졌고, 이성계는 고려를 무너뜨리고 새로운 왕조를 세우지 않았나요? 그런데도 혁명이 아닌가요?

지배계급 교체와 사회 시스템 변화

선생님·· 프랑스혁명이나 러시아의 사회주의혁명은 알다시피 지배계급의 교체가 이뤄졌습니다. 프랑스혁명을 계기로 봉건귀족은 힘을 잃고 신흥 자본주의 부르주아계급이 사회를 주도하게 되었지요. 러시아의 사회주의혁명을 통해서는 진보적인 노동자계급이 권력을 쟁취했습니다. 하지만 4.19혁명이나 이성계의 역성혁명은 새로운 계급이 등장한 것은 아닙니다. 이성계의 역성혁명의 경우 사회의 경제 구조는 큰 변화가 없는 상황에서 지배계급의 인적 구성에만 변화가 일어났지요. 4.19혁명 역시 마찬가지고요. 마르크스 철학의 관점에서 보면 두 사건의 성격상 혁명이라는 단어는 적절하지 않습니다. 4.19혁명의 경우는 4.19민중항쟁이 적확한 표현이겠지요.

역사 유물론의 관점에서 보면 사회 변화 발전의 원동력은 생산력과 생산관계의 모순입니다. 그런 이유로 혁명의 근본적인 원인 역시 생산력과 생산관계의 모순입니다. 그런데 한 가지 염두에 둬야 할 것은, 생산력과 생산관계의 모순이 존재한다고 해서 혁명이 즉각적으로 일어나지는 않는다는 점입니다. 상공업자(부르주아)와 봉건귀족 사이에 갈등이 있었다고 바로 싸움이 일어나 세상이 순식간에 바뀌지는 않았습니다. 초기 상공업자들은 봉건귀족에 비해 미약했습니다. 하지만 산업혁명이 일어나고 상공업자들의 손에 부가 집중되면서 그들은 자신의 경제력에 걸맞은 정치권력을 갈망하게 되었지요. 봉건귀족에게는 상공업자의 성장이 매우 위협적이었습니다. 이렇게 상호 모순과 갈등이 양적으로 증폭되다가 서로 양보할 수 없는 상황에 이르면 불가피하게 사회의 주도권을 놓고 격렬한 정치투쟁(계급투쟁)을 벌이게 됩니다. 승리는 상공업자의 몫이었고 사회는 질적인 변화를 겪게 됩니다. 양적 변화의 질적 변화로의 이행의 법칙이지요.

여기서 주목해야 할 부분이 바로 혁명의 '주체'입니다. 혁명이라는 단어를 들으면 우리는 가난에 찌들고 도탄에 빠진 백성들이 죽창과 횃불을 들고 지배계급을 몰아붙이는 이미지를 떠올리곤 합니다. 그래서 가난하고 고통 받는 이들이 혁명의 주체가 된다고 생각하기 쉽습니다. 그렇게 따지자면 서양의 중세 봉건사회를 무너뜨리고 새 세상을 건설한 주체는 농노 계급이 되어야 하지요. 그들이 봉건사회 제1의 피해자들이니까요. 그런데 역사적 사실은 어떤가요? 자본주의 부르주아혁명의 주체는 농노 계급이 아닙니다. 알다시피 중세 봉건사회를 무너뜨리고 자본주의사회 건설을 수행한 핵심 주체는 부르주아계급입니다. 물론 영주에 맞선 농노의 투쟁이 봉건 체제 약화에 중요한 역할을 한 것은 사실입니다만, 그들이 새로운 사회 건설의 주체는 아니었습니다. 오히려 농노 계급은 봉건사회의 소멸과 함께 역사의 뒤안길로 퇴장했지요.

학생·· 그렇군요. 왜 하필 자본가계급이 혁명의 주체가 되었을까요? 사실 가장 피해를 본 계급은 농노잖아요.

선생님·· 자본가계급이 새로운 생산력 발전을 담보하는 계급이기 때문입니다. 앞서 생산력과 생산관계의 모순이 혁명의 원동력이라고 했는데요. 상공업의 발전으로 등장한 자본가계급은 생산력의 발전을 이끄는 계급입니다. 반면에 봉건영주는 낡은 생산관계를 대변하는 계급이지요. 농노 계급은 피착취계급이지만 어쨌든 봉건적 생산관계의 한 축을 담당합니다. 노예제 사회가 무너지면 노예 계급이 사라지듯 봉건사회가 무너지면 농노 계급 역시 필연적으로 소멸합니다.

학생·· 자본주의사회에서도 생산력과 생산관계의 모순이 존재하는데요. 당장은 모르겠지만 미래에 자본주의사회가 다른 사회로 이행할 수도 있는 거잖아요. 마르크스는 혁명의 주체로 노동자계급을 생각했던 것 같은데, 그렇다면 노동자계급이 새로운 생산력과 연관된 계급인가요?

새로운 생산양식을 담보하는 세력

선생님·· 네. 마르크스는 그렇게 생각했습니다. 알다시피 자본주의 사회에서 생산력과 생산관계 사이의 모순은, 생산의 사회적 성격과 소유의 사적 성격 사이의 모순입니다. 생산의 사회적 성격을 담보하는 계급과 소유의 사적 성격을 담보하는 계급은 어떤 세력일까요?

학생·· 소유의 사적 성격을 담보하는 계급은 자본가계급입니다. 자본가가 생산수단을 사적으로 소유하니까요. 생산의 사회적 성격을 담보하는 계급은 노동자계급이 아닐까요? 자본주의사회에서는 수많은 노동자의 협업과 분업을 통해 생산이 이루어지니까요.

선생님·· 정확합니다.

학생·· 그런데 과연 마르크스의 생각처럼 노동자계급이 새로운 사회를 만들 주체가 될 수 있을까요? 노예나 농노도 노동자와 처지가 비슷했지만, 사회를 바꾸는 주체가 되지는 못했잖아요.

선생님·· 대다수 사람이 마르크스가 자본주의사회에서 노동자계급이 착취당하니까 휴머니즘의 입장에서 노동자 주체의 혁명과 해방을 이야기했다고 생각하는 것 같아요. 전혀 그렇지 않습니다. 억압당하고 착취당하기 때문에 혁명의 주체가 될 수 있다면, 애초에 노예와 농노가 혁명의 주체가 되었어야지요. 하지만 현실은 그렇지 않았습니다.

노예와 농노는 비참한 현실에 분노해 봉기했지만, 새로운 세상을 건설한 주체는 그들이 아니었습니다. 세상을 바꾸기 위해서는 그만한 역량이 있어야 하기 때문입니다. 노예와 농노는 현실에 대한 분노는 있었지만, 그것을 응집된 힘으로 바꿀 사상적 준비와 조직적 역량이 부족했습니다. 반면 막강한 부를 축적한 부르주아계급은 계몽사상(공화주의)을 사상적 기치로 삼고 정치세력화(정당)를 통해 권력을 틀어쥘 수 있었습니다. 사상은 방향타의 역할을 합니다. 사회가 나아가야 할 방향을 제시하지요. 조직은 그 방향으로 나아갈 추진력을 제공합니다.

중세 초기에 상공업자(부르주아)의 힘이 미약했듯이 노동자계급의 힘도 자본주의 초기에는 보잘것없습니다. 하지만 자본가계급과의 투쟁 속에서 직장별, 업종별, 지역별 노동조합을 결성하고 지역과 업종의 한계를 뛰어넘는 전국 단위의 노동조합을 건설합니다. 노동조건을 개선하는 투쟁에 나서 성과를 내고 개혁 성향의 정치세력과 연합해 노동자계급에 유리한 법과 제도를 제정하기에 이릅니다. 이러한 과정에서 정치적으로 자각한 노동자계급은 자신의 이익을 대변하는 진보정당을 만들어 부르주아계급과의 정치투쟁에 나섭니다.

의무교육의 도입으로 노동자의 교육과 의식 수준이 높아지며 사회 진보 운동에 적극적인 지식인층이 노동자계급에 사상적 무기를 제공합니다. 마르크스 역시 그러한 역할을 한 것이지요. 알다시피 20세기 이후로 노동자계급에 우호적인 좌파 정당이 집권하는 일이 드물지 않습니다. 좌파는 일반적으로 경제의 공공성을 주장하지요. 이것은 새로운 생산력(생산의 사회적 성격)과 연관이 있습니다. 반면에 우파는 시장의 자유와 소유권을 공공성보다 우위에 둡니다. 낡은 생산관계(소유의 사적 성격)와 연결되지요. 현대 정치에서 좌파와 우파의 대립은 경제적 토대에서 새로운 생산력과 낡은 생산관계의 모순을 반영하는 것입니다.

학생·· 그런 맥락이 있군요. 저는 노동자가 자본가한테 착취당하니까 노동자를 위한 휴머니즘에서 나온 사상이 사회주의라고 생각했거든요.

선생님·· 물론 마르크스도 휴머니스트였지요. 하지만 동시에 사회과학자입니다. 과학의 생명은 현실에 대한 냉철한 분석인데, 사회 현상을 분석하는 과정에서 섣부르게 가치관(휴머니즘)을 투사하면 자칫 오류에 빠질 수 있다는 것을 마르크스는 잘 알고 있었을 겁니다. 가슴은 뜨겁게, 하지만 머리는 차갑게!

학생·· 수업을 들으면서 머릿속에서 떠나지 않는 의문이 있습니다. 자본주의사회에는 자영업자도 있고 작은 기업을 운영하는 사람들도 있는데요. 이들은 노동자는 아니지만 그렇다고 자본가로 분류하기에도 뭔가 애매합니다. 마르크스가 노동자-자본가로 나누는 것이 너무 이분법적이라는 생각이 듭니다. 두부 자르듯 자본가와 노동자로 쉽게 나눌 수 없는 영역도 있잖아요. 요즘 1인 기업도 많고요. 솔직히 저도 기회가 되면 창업하고 싶어요.

선생님·· 학생의 말처럼 자영업자나 소규모 기업의 자본가는 노동자의 성격과 자본가의 성격을 동시에 갖고 있습니다. 편의점 운영하는 사람을 자본가라고 부르기는 좀 애매하지요. 마르크스는 이들을 프티부르주아(소자본가)라고 불렀습니다. 이들은 부르주아와 프롤레타리아 사이에서 끊임없이 떠돌며 불안정한 상태로 존재합니다. 이들에게 천국(부르주아)으로 가는 길은 바늘구멍이지만 지옥(프롤레타리아)은 무척 가깝지요. 대다수 프티부르주아는 경쟁 과정에서 탈락하거나 거대 자본의 진출로 입지를 잃고 저임금노동자가 되거나 실업자로 전락합니다. 성공해서 자본가로 신분 상승하는 사람은 극소수입니다. 마르크스는 자본주의가 고도화될수록 자본의 독점화가 진행되어 프티부르주아의 다수가 프롤레타리아 계급으로 전락한다고 보았습니다. 이러한 불안정한 처지와 이중적 성격 때문에, 프티부르주아는 정치적으로 기회주의적 성향이 강하다고 보았고요.

학생·· 그러면 저는 기회주의적 성향이 강한 건가요? 창업 준비 중인데요.

선생님·· 하하하. 오해하지 않으면 좋겠네요. 창업하는 사람 개개인이 기회주의적이라는 게 아니고, 프티부르주아계급의 성향을 전체적으로 보면 그렇다는 말입니다. 거대 독점기업에 맞서 노동자계급과 함께 투쟁하기도 하지만, 최저임금 인상이나 비정규직 문제에서는 자본가계급의 입장에 서지요. 중간에 끼어있으니 그 입장에 충실한 것이지요.

자본 독재, 프롤레타리아 독재

학생·· 그동안 수업을 들으면서 자본주의보다 사회주의나 공산주의가 더 민주적인 시스템 같다는 생각이 들었어요. 소수가 부를 움켜쥐고 다수를 착취하는 시스템을 민주주의라고 부를 수는 없잖아요. 생산수단을 공동 소유하고 함께 일해서 만든 재화를 평등하게 나눈다면 그야말로 진정한 민주주의라는 생각이 드는데요. 노동자계급이 혁명에 성공해서 권력을 잡으면 진짜 그러한 변화가 가능한가요? 솔직히 좌파 정당이 집권한다고 해서 순식간에 사회가 바뀔 것 같지는 않거든요. 현실 정치에서도 보면 좌파 정치 세력이 집권하더라도 기득권 세력의 영향력이 여전히 막강한 경우도 많고요.

선생님·· 마르크스의 사상을 제대로 공부하면 사회주의나 공산주의에 대한 오해와 편견이 깨집니다. 마르크스는 진정한 민주주의가 구현되는 사회를 추구했다는 사실을 알게 되지요. 그런데 학생의 말처럼 그런 변화는 쉽게 오지 않습니다. 무엇보다도 자본주의 사회의 기득권 세력이 극렬하게 반대할 테니까요. 그런 이유로 마르크스는 '프롤레타리아 독재'가 필요하다고 말합니다.

학생·· 독재요? 민주주의를 이야기하는데 왜 독재가 나오나요?

선생님·· 프롤레타리아 독재 역시 많은 이들이 오해하는 개념이지요. 어떻게 독재와 민주주의가 연결되는지 한번 봅시다. 예컨대 대한민국에서 사회주의 정당이 집권에 성공했습니다. 대기업 국유화, 무상의료, 무상교육 관련 법률을 제정하고 집행하려 합니다.

부르주아계급의 반발이 얼마나 심하겠습니까? 하지만 국가는 법과 제도를 제정하고 그것을 공권력을 통해 집행할 수 있는 권한을 가진 조직입니다. 프롤레타리아 계급이 권력을 장악한 국가는 국민의 절대다수인 프롤레타리아 계급의 지지에 힘입어 법과 제도를 정비하고, 부르주아계급의 극렬한 반발을 공권력으로 억누르며 혁명적 조치를 흔들림 없이 실행합니다. 요컨대 99%의 프롤레타리아 계급이 1%의 부르주아계급에 행사하는 독재, 이것이 바로 '프롤레타리아 독재'이지요.

　변혁의 과정에서 부르주아계급의 저항과 반발은 필연적입니다. 그러한 저항을 뚫고 사회경제적 민주주의를 구현하기 위해서는, 권력을 틀어쥔 프롤레타리아 계급이 부르주아계급에 대해 국가권력을 이용해 '독재'를 행사할 수밖에 없습니다. 앞서 다뤘듯이 자본주의 국가는 부르주아계급의 이익을 위해 프롤레타리아 계급에 공권력을 행사합니다. 이와는 반대로 '프롤레타리아 독재' 국가는 프롤레타리아 계급의 이익을 위해 부르주아계급에 공권력을 행사합니다. 자본주의사회가 부르주아계급에 의한 '자본 독재'라면, 프롤레타리아 계급이 권력을 쥔 사회에서는 과도기적으로 '프롤레타리아 독재'가 실행됩니다. 마르크스는 '프롤레타리아 독재'가 민주주의에 반대되는 개념이 아니라 오히려 진정한 민주주의를 실현하기 위해 불가피하게 취해지는 과도기적 조치라고 보았지요.

학생·· 무슨 말인지는 알겠어요. 그렇지만 어쨌든 독재라는 단어는 불편하네요. 민주주의를 위해서 독재가 필요하다니, 궤변으로 들려요.

선생님·· 학생이 그렇게 느끼는 것도 충분히 이해합니다. 오해가 없도록 부연하자면, 프롤레타리아 독재 시기는 '과도기'입니다. 하염없이 계속되는 게 아니에요. 마르크스는 이러한 과도기(프롤레타리아 독재)를 거쳐서 생산수단에 대한 사회적 소유가 실현되고 혁명이 더욱 높은 단계로 나아가면 결국에는 계급이 없는 무계급사회가 될 것으로 보았습니다. 그런 사회가 건설되면 한 계급이 다른 계급을 억압하기 위해 조직된 폭력 기구인 국가는 존재 이유를 상실합니다. 생산수단을 사적으로 소유한 부르주아계급이 사라졌는데 프롤레타리아계급의 '지배'라는 말 자체가 성립할 수 없기 때문이지요. 지배할 대상이 없으니까요.

국가가 사라진 곳에는 각 개인의 자유로운 발전이 사회 구성원 모두의 자유로운 발전의 밑거름이 되며 조화를 이루는 진정한 공동체, 즉 공산주의가 구현됩니다. 공산주의 사회는 사람들이 '능력에 따라 일하고 필요에 따라 분배받는' 사회입니다. 경제의 계획성과 공공성이 확대되어 주기적인 공황에 의한 생산력 파괴 현상은 일소되고, 생산력이 끊임없이 발전해 사람들은 적게 일하고도 물질적으로 불편함이 없습니다. 모두가 능력껏 사회적 생산 활동에 참여하며, 넉넉한 여가를 활용해 삶을 풍요롭게 하는 다양한 활동에 매진합니다. 물자가 풍부하니 마을 공동체의 우물에서 물을 길어 올리듯 누구나 필요한 만큼 공공의 재산에서 가져가 사용합니다. 이런 환경에서는 굳이 남보다 더 많이 소유하기 위해 아등바등할 이유가 없지요.

학생·· 인류가 빨리 그런 사회 단계로 나아갔으면 좋겠네요. 물론 꿈같은 이야기지만요. 그런데 국가가 없어진다는 이야기를 들으니 아나키즘(무정부주의)이 떠오르네요. 아나키즘도 국가를 거부하지 않나요?

선생님·· 마르크스주의와 아나키즘은 국가에 대한 관점이 다릅니다. 아나키즘은 국가가 계급억압기구이기 때문에 가능한 한 즉각 폐기해야 한다고 주장합니다. 국가 자체를 거부하지요. 마르크스주의는 국가가 계급 억압 기구인 점은 인정하지만, 혁명 과정에서 기득권 세력의 공세를 억누르고 혁명을 전진시키기 위해서는 과도기적으로 계급 억압 기구인 국가가 필요하다고 보았지요.

마르크스는 역사를 연구하면서 인류 사회가 '원시공동체 사회 ⇒ 노예제 사회 ⇒ 봉건제 사회 ⇒ 자본주의사회 ⇒ 공산주의 사회'로 발전한다고 보았습니다. 무계급사회인 원시공동체 사회에서 시작해서 변증법적 부정을 통해 계급사회인 노예제 사회로, 그리고 연이은 변증법적 부정을 통해 봉건제 사회와 자본주의사회를 거쳐서 결국 무계급사회인 공산주의 사회에 이르는데요. 낮은 단계의 무계급사회(원시공동체 사회)에서 시작해 일련의 계급사회를 거쳐 다시 높은 단계의 무계급사회(공산주의 사회)로 나아간다고 보았습니다. 일종의 나선형 발전이지요. 뭔가 떠오르는 법칙 없나요?

학생·· 아! '부정의 부정'의 법칙이지요?

선생님·· 수업을 열심히 듣고 복습도 열심히 한 모양이네요.

학생·· 헤헤. 감사합니다. 졸업반이다 보니 학점에 신경 쓰고 있지요.

선생님·· 물론 모든 인류 사회가 '원시공동체 사회 ⇒ 노예제 사회 ⇒ 봉건제 사회 ⇒ 자본주의사회 ⇒ 공산주의 사회' 식의 단계를 거쳐 발전한다고 일반화하거나 도식화하기는 어렵겠지요. 마르크스도 다른 방식의 사회 발전 가능성을 배제하지는 않았던 것 같습니다.

마르크스 역사 유물론의 핵심은 생산력과 생산관계의 모순입니다. 사회 변화 발전의 핵심 요인은 먹고사니즘의 모순이라는 통찰은 매우 중요하며 지금도 유효하다고 생각합니다. 이 수업을 관통

마르크스는 노동계급이 주체가 되어 프롤레타리아 독재를 통해 사회주의와 공산주의를 실현하는 것이 자본주의사회의 생산력과 생산관계의 모순을 지양하는 역사의 발전 방향이라고 생각했다.

디에고 리베라가 그린 프레스코 벽화 〈멕시코의 역사: 계급투쟁-현재 그리고 미래〉. 멕시코시티 국립궁전(대통령궁)에서 볼 수 있다. 이 그림에서 마르크스는 혁명에 나선 민중들에게 "지금까지 모든 사회의 역사는 계급투쟁의 역사", "사적 소유의 변형이 아닌 폐지, 계급 차이의 감소가 아닌 파괴, 현 사회의 개혁이 아닌 새로운 사회의 건설"이라는 구호가 쓰인 격문으로 방향타를 제시하고 있다. © Wolfgang Sauber

하는 문제의식이지요.

진정한 민주주의

선생님·· 이번 강의 시간에 민주주의라는 용어를 많이 사용했는데, 여러분에게 물어보고 싶네요. 민주주의가 뭐지요?

학생·· 민民이 주인이 되는 것, 그게 민주주의民主主義 아닐까요?

선생님·· 그렇겠지요. 그렇다면 좀 더 파고 들어가 봅시다. 민民이 주인이 된다는 건 구체적으로 어떤 것이지요?

학생·· 음, 글쎄요. 구체적으로 생각해본 적이 없네요. 전에는 자본주의가 민주주의라고 생각했는데, 이번에 수업을 들으며 그건 아니라는 것을 알았고요. 그러고 보니 주인이 된다는 게 구체적으로 무슨 의미인지 모르겠네요.

선생님·· 주인이 된다는 건 뭘까요? 학자들은 민주주의를 이야기하면서 다당제, 언론의 자유, 집회 결사의 자유, 국민투표, 지방자치 같은 용어들을 언급하지만, 과연 그런 제도나 형식이 민주주의의 본질일까요? 투표로 뽑힌 대통령이 국민을 개돼지 취급하는 상황은 너무나 흔하지요. 국민이 뽑았으니까 그런 상황도 민주주의적인 걸까요?

사회의 주인은 그 사회에서 '권력'을 가진 사람입니다. 예를 들어 노예제 사회의 주인은 노예주지요. 노예주 계급이 권력을 갖고 있기 때문입니다. 노예가 주인은 아니잖아요? 구체적으로 이야기하자면, 생산수단(경제 권력)과 국가주권(정치권력)을 갖고 있기 때문입니다. 노예주 계급은 토지나 노예를 소유하고 그것을 활용해 생산을 통제할 수 있는 경제 권력이 있습니다. 국가주권에 있어서도, 예를 들어 로마(노예제 사회)에서 주요 사항을 결정하는 국가 원로원 구성원이나 집정관은 대부분 노예주 계급입니다. 노예주 계급이 정치권력과 경제 권력을 틀어쥐고 사회를 자신들이 원하는 대로 끌고 가니 그들이 주인이지요.

봉건제 사회의 주인은 지주 계급입니다. 그들이 생산수단과 국가주권을 틀어쥐고 있으니까요. 자본주의사회의 주인은 자본가계급입니다. 자본가계급이 생산수단을 소유하고 있으며, 국가권력기관 역시 자본가계급의 영향력이 강하게 반영되어 있지요. 정부 관료, 국회의원, 법관을 보면 대부분 돈 많은 사람과 친하지 노동자와 친하지는 않잖아요.

그런 맥락에서 보았을 때, 민(民)이 사회의 주인이 되려면 어떻게 해야 할까요? 민(民)이 생산수단(경제 권력)과 국가주권(정치권력)을 틀어쥐어야 사회의 주인이 될 수 있습니다. 그래야 진정 민民이 주인 되는 사회, 민주주의民主主義 사회가 되겠지요.

예전에 베네수엘라 우고 차베스 대통령이 다음과 같은 말을 했습니다.

**"가난을 끝장내는 유일한 방법은
빈민들에게 권력을 주는 것입니다."**

저는 이 말에 민주주의의 핵심이 들어있다고 생각해요.

학생·· 정말 사회가 바뀔 수 있을까요? 솔직히 저는 아직도 회의적이에요. 마르크스의 주장에 많은 부분 공감하지만, 솔직히 좌파 세력의 힘이 너무 약하잖아요. 우리나라는 진보정당의 지지율도 얼마 안 되고요.

선생님·· 충분히 그런 생각이 들 수 있지요. 하지만 긴 호흡에서 보면 역사는 발전하고 있습니다. 마르크스가 살던 당시에는 상상도 못 했던 복지 제도들이 도입되어 있습니다. 북유럽 국가들의 경우 GDP의 50%를 세금으로 거둬서 공공부문 및 사회복지의 재원으로 투입하고 있습니다. 프랑스가 GDP의 40%, 미국이 30%, 우리나라가 20% 정도라고 합니다. 우리는 북유럽 국가에 비하면 아직 갈 길이 멀지요. 이런 복지 제도는 자본주의식 정책이 아닙니다. 오히려 사회주의적 성격이 강한 제도지요. 노동계급의 지지를 얻는 좌파 정당이 집권하는 일도 세계 곳곳에서 드물지 않습니다. 물론 좌파 정부가 대중의 지지를 잃고 선거에서 패배해 우파 정부가 들어서서 복지를 축소하고 다시 자본가계급에 유리한 정책을 펴기도 합니다. 하지만 긴 호흡에서 보면 인류가 전진과 후진을 거듭하는 가운데 꾸준히 진보해온 것은 분명합니다.

인간의 실천이 쌓이면 역사는 발전한다

선생님·· 제가 첫 강의 때 마르크스의 철학이 자본주의적 세계관의 문제점과 한계를 날카롭게 지적하고 더 나은 사회의 가능성을 보여준다고 말했습니다. 어떤가요? 강의를 마무리할 시간이 되었는데, 여러분의 생각이 궁금합니다.

학생·· 확실히 마르크스에 대한 오해는 풀린 것 같아요. 하지만 자본주의 시스템의 압력이 이렇게 강한데 사회가 단시일에 변할 수 있을지는 잘 모르겠네요. 이 수업 마치고 저는 또 취업 준비에 매진해야 하거든요. 마르크스 말대로 먹고사니즘이 중요하니까요. 그래도 모르는 것보다는 아는 게 낫다는 생각이에요.

선생님·· 오해가 풀렸다니 다행입니다. 우리 사회는 남과 북의 분단으로 마르크스의 사상이라면 여전히 색안경을 끼고 보는 분위기가 있습니다. 그래도 이 강의를 듣는 사람이 늘어난다면 그만큼 사회의식이 성장하고 변화의 가능성이 열리겠지요. 제가 마르크스의 사상에 대해 책을 쓰고 강의하는 이유이기도 합니다.

마르크스는 〈포이어바흐에 관한 테제〉에서 말했습니다.

**철학자들은 세계를 단지 여러 가지로 '해석'해왔을 뿐이지만,
중요한 것은 그것을 '변혁'시키는 일이다.**

중요한 것은 실천이지요. 실천의 폭과 깊이는 사람마다 다를 수 있겠지만, 아무것도 하지 않으면서 세상이 바뀌기를 바라는 것은 너무 과한 욕심이지요.

학생·· 선생님 말씀을 들으니 언젠가 책에서 본 명언 하나가 떠오르네요. "어제와 똑같이 살면서 다른 미래를 기대하는 것은 정신병 초기 증세다." 다른 미래를 위해서는 당장 지금부터 다르게 살아야겠어요. 친구 두 명에게 이 강의를 소개해주려고요. 그 친구들의 생각이 조금이라도 바뀌면 딱 그만큼이라도 세상은 전진할 테니까요.

학생·· 저는 정치에 관심이 있는데요. 활동할 수 있는 진보정당이나 사회단체를 알아보려고요. 회사에 취업하는 것만이 인생의 유일한 선택지는 아니라고 생각해요. 다소 불안정하더라도 보람과 가치를 느낄 수 있는, 가슴 뛰는 삶을 살고 싶어요.

선생님·· 취업 준비하는 친구들은 원하는 곳에 꼭 합격하면 좋겠습니다. 다만 취업에 성공했다고 인생의 문제가 단박에 해결되는 건 아니더군요. 살다 보면 수업에서 들은 내용이 떠오를 거예요. 친구 두 명에게 이 강의를 소개해주겠다는 학생도 꼭 기억하겠습니다. 우습게 들릴지도 모르지만, 사회 진보는 다단계 영업과 비슷하다는 게 저의 지론입니다. 변화된 한 사람이 추가로 두 명만 변화시키면 같은 미래를 꿈꾸는 사람이 순식간에 지수함수로 증가할 테니까요. 진보정당이나 사회단체에서 활동하고 싶다는 얘기도 무척 반가웠습니다. 저도 그런 마음으로 책을 쓰고 강의를 하면서 사니까요. 다만 쉬운 길은 아니니 조급하게 생각하지 말고, 가입해 모임에 참여하시면서 차분하게 고민하시면 좋겠네요. 마르크스 사상을 더 알고 싶은 분들께는 제가 쓴 《새로 쓴 원숭이도 이해하는 자본론》과 《원숭이도 이해하는 공산당 선언》을 추천합니다.

모두 그동안 수고 많으셨어요. 관심사가 비슷하면 어디선가 마주치게 되더군요. 다른 기회에 또 뵙겠습니다. 문의 사항이 생기면 언제든지 이메일로 연락주시구요. 감사합니다!

생각해봅시다

/

- 혁명이란 무엇인지 이야기해봅시다.
- 노동자계급이 자본주의사회에서 혁명적인 계급인 이유를 이야기해봅시다.
- 민주주의란 무엇인지 토론해봅시다.
- 민주주의를 실현하기 위해서는 어떻게 해야 할까요?
- 세상의 변화를 위해 내가 실천할 수 있는 것들에는 무엇이 있을까요?
- 마르크스 철학을 공부하면서 배운 점과 느낀 점을 이야기해봅시다.